Portfolio Berlin

03

Einleitung / Rundgang

Stephan Koal

Die Ausstellung *Portfolio Berlin 03* versammelt sieben internationale, in Berlin lebende Künstlerinnen und Künstler, deren Arbeiten in den letzten Jahren einer breiteren Öffentlichkeit bekannt wurden. Nach *Portfolio 01* und *02*, die sich mit Malerei bzw. Skulptur befassten, liegt der Schwerpunkt der Ausstellungsreihe in diesem Jahr auf den Medien Video, Performance und Fotografie. Zu sehen sind beachtenswerte künstlerische Positionen, die traditionelle Genregrenzen sprengen und Gegensätze sowie Verwandtschaften in den einzelnen Disziplinen der zeitgenössischen bildenden Kunst aufzeigen.

30–31
Den Auftakt der Ausstellung bildet Sven Johnes Arbeit *Vinta*, die in Bildern und Texten fünf Geschichten individuellen Scheiterns auf einer fiktiven Ostseeinsel erzählt. Der auf der Insel Rügen geborene Künstler vermischt Realität und Imagination dabei so meisterhaft, dass Besucherinnen und Besucher bereits zu Beginn des Rundgangs dazu eingeladen werden, gewohnte narrative Strukturen und Beurteilungsmuster zu hinterfragen.

32–37
Die multimediale Installation *Angeeignete Landschaften* von Simone Gilges beschäftigt sich mit dem Verhältnis des Menschen zur Natur und seiner Einsamkeit in einer von Zerstörung bedrohten Welt. Fotografien menschenleerer Landschaften wurden chemisch so nachbearbeitet, dass sie surreal und gespenstisch wirken. Ihnen gegenüber stellt Gilges Porträtaufnahmen, die teilweise von Stoffen verdeckt werden. Erzeugt wird die Illusion einer sich verbergen wollenden Bilderwelt, Objekte wie Bauzäune und Vorhänge stellen weitere Ebenen der Visualisierung von Globalisierung und deren Grenzen dar.

38–43
Die Arbeiten des aus Guatemala stammenden Naufus Ramírez-Figueroa vereinen Folklore, antike Mythologie und zeitgenössische Verschwörungstheorien auf berührende, oft humorvolle Weise. In der Performance *Print of Sleep,* hier als Video zu sehen, befasst der Künstler sich mit alltäglichen Ritualen: Bettgestelle werden zu Druckwerkzeugen, die Spuren auf den Körpern der Darsteller hinterlassen. Die Skulpturenreihe *Babylonian Phantasy* verbindet organische mit geometrischen Formen und lotet den Grenzbereich zwischen Phantasie und Rationalität aus.

44–49
Christian Falsnaes macht in Performances und Publikumsbegegnungen Strukturen von Macht sichtbar. Am Eröffnungsabend werden Gäste im Rahmen der Performance *One* vom Künstler angewiesen, Bilder auf Leinwand zu malen, die anschließend selbst zum Teil der Ausstellung werden. Die Präsentation *Male Demeanor as a Consequence of Societal Power Relations between Artist and Audience* stellt auf vier Bildschirmen Mechanismen männlichen Dominanzverhaltens aus. Indem Falsnaes vier verschiedene Rollen von Autorität einnimmt, konstruiert er unterschiedliche Machtverhältnisse zwischen Künstler und Publikum.

50–55
Die Installation des Hamburgers John Bock wirkt wie ein Raumschiff aus einer anderen Galaxie, das den Betrachter in eine schillernde Welt zwischen Traum und Trash entführt. In seiner Arbeit *HalluzinationsFusion* markieren drehende Scheiben einen abgetrennten Bereich, in dem Video- und Soundinstallationen einen psychedelischen Erfahrungsraum jenseits logischer

Grenzen schaffen. Die Collagen des Künstlers stellen verschiedene Filmszenen mit profanen Alltagsutensilien in neue Zusammenhänge und eröffnen so einen alternativen Interpretationsrahmen des Gezeigten.

56–65
Die in Stockholm geborene Klara Lidén untersucht in ihrer Filmarbeit *Warm Up* Vorstellungen von Professionalität, Vollkommenheit und Weiblichkeit: Das Video zeigt, wie die Künstlerin an den Aufwärmübungen des St. Petersburgers Staatsballetts teilnimmt. Das Unperfekte ihrer Bewegungen wird durch die fast roboterhaft anmutende Synchronität der Tänzerinnen sowie das harte Scheinwerferlicht überdeutlich markiert. Eine Pappbehausung beherbergt ihr Video *Untitled (Trashcan)*, das den universellen Zustand des Unvermögens augenzwinkernd aufgreift. Im Gang zwischen West- und Ostgalerie schließlich irritiert ein Mülleimer, der in der geschützten Umgebung wie ein Fremdkörper wirkt.

66–70
Zwei Videos des Künstlers Sven Johne thematisieren auf ganz unterschiedliche Weise die deutsche Teilung und Wiedervereinigung. Während *Elmenhorst* auf einer biografischen Auseinandersetzung mit der Tätigkeit von Johnes Vater als DDR-Grenzer basiert, beleuchtet *Tears of the Eyewitness* die internationale Rezeption der Wende als Befreiungsmärchen. Erinnerung, Erzählung und Überlieferung der historischen Geschehnisse verschmelzen zu einer eindringlichen Studie deutsch-deutscher sowie deutsch-internationaler Befindlichkeiten und Beziehungen.

71–75
Die Lichtinstallation *Black Stars Shed No Light* der israelischen Künstlerin Yael Bartana thematisiert Immigration und nationale Identität. Das Werk entstand im Rahmen des Projekts True Finn, bei dem acht in Finnland lebende Personen mit unterschiedlichem ethnischen, religiösen und politischen Hintergrund zusammenkamen, um ihr Finnischsein neu zu definieren. Bartanas Videoinstallation *Tashlikh* setzt einen bild- und tongewaltigen Schlusspunkt der Ausstellung. Der Film orientiert sich an dem gleichnamigen jüdischen Sühneritual, das traditionell am Nachmittag des Neujahrsfestes Rosch ha-Schana zelebriert wird. Indem Brot in ein fließendes Wasser geworfen wird, soll die Seele symbolisch von Ballast und Traumata gereinigt werden.

Introduction/Tour

Stephan Koal

The exhibition *Portfolio Berlin 03* brings together seven international artists living in Berlin whose works have become known to a wider public over the past several years. Following *Portfolio 01* and *02*, which focused on painting and sculpture respectively, this year the main focus of the exhibition series is on the mediums video, performance, and photography. On view are remarkable artistic positions that cross traditional genre boundaries and feature both contrasts and affinities between contemporary art's individual disciplines.

30–31
At the beginning of the exhibition is Sven Johne's *Vinta*, a work consisting of images and text that tells five stories of personal failure on a fictitious Baltic island. The artist, who was born on the island of Rügen, blends reality and imagination so skillfully that already at the start of the show, viewers are called upon to question the usual narrative structures and judgment patterns.

32–37
The multimedia installation *Angeeignete Landschaften (Acquired Territories)* by Simone Gilges investigates the human relationship to nature and loneliness in a world in danger of destruction. Photographs of empty landscapes are chemically altered, making them appear surreal and ghostly. Gilges juxtaposes these with portraits partially covered in fabric. The illusion arises of a visible world that strives to conceal itself, while objects such as construction fences and curtains represent additional touchstones for visualizing globalization and its boundaries.

38–43
The works of Guatemala-born Naufus Ramírez-Figueroa combine folklore, antique mythology, and contemporary conspiracy theories in a poignant and often funny way. In the performance *Print of Sleep,* which can be seen here in video form, the artist addresses everyday rituals in which bed frames, for instance, become printing tools that leave marks on the bodies of actors.

The sculpture series *Babylonian Phantasy* combines organic and geometric forms and explores the boundary between fantasy and rationality.

44–49
In his performances and audience encounters, Christian Falsnaes seeks to visualize the structures of power. On the opening evening, in the framework of the performance *One*, guests are instructed to paint pictures onto canvases that then become part of the exhibition. Presented on four screens, the work *Male Demeanor as a Consequence of Societal Power Relations between Artist and Audience* presents the mechanisms of dominant male behavior. Falsnaes assumes four different roles of authority to set up various power relations between artist and audience.

50–55
The installation of Hamburg-based John Bock resembles a spaceship from another galaxy that kidnaps the viewer and takes him to a shimmering world somewhere between dream and trash. In his work *HalluzinationsFusion,* rotating discs mark a separate area where video and sound installations create a psychedelic space well beyond the limits of logic. The artist's collages remix various film scenes depicting profane everyday utensils and offer an alternative context for interpreting the images shown.

56–64
In her film work *Warm Up,* Stockholm-born Klara Lidén investigates notions of professionalism, perfection, and femininity: the video shows the artist taking part in the warm-up exercises at the St. Petersburg State Ballet. The imperfection in her movements is made more than clear by the almost robotic synchronicity of the dancers and the harsh spotlight. A cardboard structure houses her video *Untitled (Trashcan)*, a tongue-in-cheek commentary on the universal state of ineptitude. Finally, the viewer is puzzled by a trashcan placed in the walkway between the East and West gallery, which comes across as an alien presence in the protected surroundings.

66–70
Two videos by the artist Sven Johne address the division of Germany and the Reunification in very different ways. While *Elmenhorst* is based on a biographical exploration of Johne's father's profession as a GDR border patrol guard, *Tears of the Eyewitness* sheds light on the way the fall of the Berlin Wall was perceived internationally as a fairytale of liberation. The memory, narrative, and oral history of the historic events merge into an evocative study on the relations and sensibilities between the two Germanys and between Germany and the rest of the world.

71–75
The light installation *Black Stars Shed No Light* by the Israeli artist Yael Bartana addresses immigration and national identity. The work was made in the context of the project "True Finn," in which eight people of varying ethnic, religious, and political backgrounds living in Finland came together to redefine their Finnish identity. Bartana's video installation *Tashlikh* frames a conclusion to the exhibition that is powerful both in terms of image and sound. The film references the redemption ritual of the same name, traditionally celebrated on the afternoon of the New Year's celebration Rosh Hashanah. Bread is thrown into running water, symbolically cleansing the soul of burdens and trauma.

Sven Johne

30–31, 66–70

Beate Scheder

Eine Insel am östlichsten Zipfel Deutschlands wird bei Sven Johne zum Schauplatz kleiner und großer Geschichten vom Scheitern. *Vinta* (2004) erzählt diese mittels Fotografie und Text. Sie sind skurril, tragisch, kaum zu glauben. Je länger man liest und schaut, desto größer das Staunen – und das Zweifeln. In Wirklichkeit gibt es die Insel Vinta nicht. Die fünf Geschichten berichten keine Tatsachen, sie verdrehen sie. Johne ist ein Chronist und er ist ein Schwindler. Oft sind es kleine, eher belanglose Meldungen aus der Presse, aus denen er seine akribisch recherchierten und meisterhaft konstruierten Stories spinnt. Was an ihnen noch der Wahrheit entspricht, spielt keine Rolle, wichtig ist, dass es so geschehen sein könnte. Johne hinterfragt unser Konzept von Authentizität sowie den Drang, Dinge zu vereinfachen und einzuordnen. Sein Fokus liegt dabei stets auf dem Menschen, dem Einzelschicksal im Strom der Zeitläufte.

Ebenso in seinen Videoarbeiten: Darin begegnen wir unter anderem zwei Männern am Ostseestrand, der eine bereits ergraut, mit geschultertem Gewehr, der andere jünger. Es könnten Vater und Sohn sein. Keiner der beiden sagt ein Wort, ihre Gesten und Blicke jedoch sprechen Bände, deuten auf einen Konflikt hin, der zwischen ihnen schwelt. Wovon dieser handeln könnte, darüber liefert der Titel der Videoarbeit von Sven Johne Auskunft: *Elmenhorst* (2006), der Name einer Ortschaft im ehemaligen deutsch-deutschen Grenzgebiet. Johne belässt es bei solchen Andeutungen. Das Video bezieht keine eindeutige Position, fällt kein Urteil, nimmt vielmehr stumm die Kontroversen zwischen den Generationen in der Nachwendezeit ins Visier, ihr Hadern mit individueller wie kollektiver Schuld.

Sven Johne ist 1976 in Bergen auf Rügen geboren, dass ihn die Umbrüche nach dem Fall der Mauer in den Nullerjahren besonders umtreiben, lässt sich biografisch begründen, jedoch tun sie dies auf eigenwillige Art und Weise: Seine multimedialen Arbeiten changieren zwischen Dokumentation und Narration, geben dem Ungesagten und Unsagbaren, dem subjektiven Erleben Raum. Auch bei *Tears of the Eyewitness* (2009) bleibt vieles im Vagen. Thema ist die Konstruktion von Erinnerung. Was im Kopf des Augenzeugen vor sich geht, während ihm ein Journalist die Ereignisse von 1989 vorbetet, und was ihn schließlich zum Weinen bringt, lässt viele Interpretationen zu und setzt hinter alle ein Fragezeichen. Gibt es sie überhaupt, die eine, die richtige?

In the work of Sven Johne, an island at the northeasternmost tip of Germany becomes the setting for large and small stories of failure. *Vinta* (2004) tells these stories through photography and text. They're bizarre, tragic, difficult to believe. The longer we look and read, the more we're amazed—and begin to doubt. In reality, the island of Vinta does not exist. The five stories do not report facts, but twist them. Johne is a chronicler and a trickster. It's often the small, inconsequential news items that he crafts his painstakingly researched and expertly constructed stories from. And it's unimportant which part of them corresponds to the truth; what's important is that it could have been that way. Johne questions our concept of authenticity, as well as the urge to simplify and classify things. His focus is always on people, individual destinies in the currents of time.

This also goes for his video works, in which we encounter, among other things, two men on a Baltic beach, one of them gray-haired, shouldering a weapon, the other younger. They could easily be father and son. Neither of the two says a word, yet their gestures and looks speak volumes, allude to a conflict smoldering between them. The title of Sven Johne's video work, *Elmenhorst* (2006)—the name of a village in the former border zone between East and West Germany—offers a hint as to what this conflict might be about. Johne ventures no further than allusions of this kind; the video assumes no clear position, passes no judgment, but rather focuses silently on the conflicts between generations during the post-Reunification era, the struggle with individual and collective guilt.

Sven Johne was born in 1976 in Bergen, on the island of Rügen, a biography that explains why the upheaval following the fall of the Berlin Wall sent him far and wide at the beginning of the new millennium. But he's done things in his own individual way: his multimedia works hover between documentation and narration, give space to the unsaid and unsayable, to subjective experience. Much remains vague, as it does in *Tears of the Eyewitness* (2009). The theme here is the construction of memory. Whatever is going through the mind of the witness as a journalist spells out the events of 1989, and whatever it is that finally makes him cry is open to multiple interpretations, with a question mark after each. But does the right one even exist?

Simone Gilges

Beate Scheder

Die Landschaften auf Simone Gilges' Fotografien wirken, als seien sie nicht von dieser Welt. Menschenleere Felsformationen, Strände und Wälder sind in bedrohlich kaltes Licht getaucht, flimmern in künstlich-grellen Farben oder scheinen in Flammen zu stehen. Dass Gilges der Serie den Titel *Misshandelte Landschaft* (2016) gegeben hat, passt zu dieser Anmutung und vor allem zu der Prozedur, der sie diese aussetzt. Die Künstlerin *misshandelt* ihre Motive tatsächlich: Gilges vergrößert analoge schwarz-weiße Negative auf Farbfotopapier, lässt in der Dunkelkammer Funken sprühen und bearbeitet die Abzüge hinterher noch mit Chemikalien und Farbe. Das Experiment ist elementarer Bestandteil ihrer Praxis, je aggressiver die Substanz, desto intensiver der Effekt. Fast könnte man ihr Vorgehen als alchemistisch beschreiben, nur dass es Gilges nicht um die Gewinnung von Gold geht. Vielmehr versucht sie, unter die Oberfläche der Dinge vorzudringen. Nicht nur ihre Motive, also das Sichtbare, will sie abbilden, sondern auch das darin Verborgene, die Energien, die in ihnen wirken. Ihre Fotografien werden zu Sinnbildern für den Zustand einer von Zerstörung bedrohten Welt.

Simone Gilges, geboren 1973 in Bonn, Gründungsmitglied der Künstlergruppe *Honey-Suckle Company*, arbeitet sich auf vielfältige Art an den Grenzen ihres Mediums ab. Ihre Fotografie setzt sich dem digitalen Bilderrausch unserer Zeit entgegen, die Bilder entziehen sich: So, wie die Landschaftsaufnahmen kaum mehr an die tatsächlich dargestellten Gegenden erinnern, verbergen sich die von ihr porträtierten Personen vor Blicken. Mal sind sie so überbelichtet aufgenommen, dass sich die Gesichter zu geisterhaften Fratzen verzogen haben, mal arbeitet die Künstlerin mit Doppelbelichtung, mal umwickelt oder verhängt sie die Abzüge im Nachhinein mit Stoffen. Überhaupt, dieses Verdecken und Inszenieren durch Objekte: In ihrer Installation in Rostock benutzt Gilges dafür selbsthergestellte Vorhänge und Bauzäune und treibt damit ihr assoziatives Spiel weiter. Die Vorhänge hat sie aus Flugzeugdecken patchworkartig zusammengenäht, sodass deren Hippie-Ästhetik durch das Material selbst, das zweifellos auf Massentourismus, Globalisierung und Umweltverschmutzung verweist, konterkariert wird. Die Verhüllungen ließen sich – so beschreibt sie es selbst – gleichsam als Zeichen des Überflusses verstehen und als Aufforderung, anderswo hinzuschauen. Wohin? Vielleicht hinter die Kunst selbst.

The landscapes in Simone Gilges's photographs feel as though they were not of this world. Desolate rock formations, beaches, and forests are steeped in a menacing, cold light, shimmer in artificially garish colors, or appear to be in flames. The fact that Gilges titled her series *Misshandelte Landschaft* (*Mistreated Territory,* 2016) fits with this impression and especially with the procedure that she subjects them to. The artist does indeed *mistreat* her motifs: Gilges prints analogue black and white negatives onto colored photographic paper and lets sparks fly in the darkroom, working the prints over later with chemicals and paint. Experimentation is a fundamental component of her practice, and the more aggressive the substance, the more intense the effect. One could almost describe her approach as alchemistic, except for the fact that Gilges is not interested in striking gold. Instead, she tries to penetrate beneath the surfaces of things. She seeks to portray not only her motifs, in other words the visible, but also what's hidden inside, the energies operating within them. Her images become symbols for the state of a world threatened with destruction.

Simone Gilges, born 1973 in Bonn, founding member of the artists' group *Honey-Suckle Company*, probes the boundaries of her medium in manifold ways. Her photography pits itself against the digital image intoxication of our time, while the images themselves remain reserved: just as the landscape shots barely call the actual photographed areas to mind, the persons she takes portraits of hide from the viewer's gaze. Sometimes the photographs are so overexposed that the faces are distorted into ghostly, grotesque masks; sometimes the artist works with double exposure, wraps or covers the prints after the fact with fabric. In terms of this covering and staging through objects, in her installation in Rostock, Gilges uses homemade curtains and construction fences to continue this chain of association. She sewed the curtains in patchwork manner from airplane blankets, so that their hippie aesthetic is countered by the material itself, which refers clearly to mass tourism, globalization, and environmental pollution. The coverings could also, as she herself describes, be understood as signs of excess and as a call to look elsewhere. But where? Perhaps behind the art itself.

Naufus Ramírez-Figueroa 38–43

Diana Weis

Die Arbeiten von Naufus Ramírez-Figueroa entziehen sich festen Genrezuschreibungen. Seine Skulpturen und Performances wirken wie Hybride aus Theater, Mythologie, Traumdeutung und Verschwörungstheorien. Der 1978 in Guatemala City geborene Ramírez-Figueroa zählt zu einer Generation junger Künstler, die auch als Post-Internet bezeichnet wird. Tatsächlich gelingt es ihm, die verstörende Gleichzeitigkeit der Netzrealität, das Nebeneinander von Komik, Tragik, Absurdität und Beliebigkeit in berührende Psychotableaus zu übersetzen.

Seine Weltaneignung, die Herangehensweise auch an schwierige, belastende Themen ist von Leichtigkeit und Humor geprägt. Ramírez-Figueroa belehrt nicht, er stellt die Mehrdimensionalität von Wahrheit aus und untersucht Strukturen der Bewältigung. Die gewaltsame, von Kolonialisierung, Rassismus und Bürgerkrieg gezeichnete Geschichte Guatemalas bildet ein wiederkehrendes Motiv in seinen Werken. Kindheitserinnerungen und Erzählungen bilden die Grundlage einer behutsamen Auseinandersetzung mit universellen Topoi wie Identität, Zugehörigkeit und Entfremdung. Die Performance *The Print of Sleep* (2016) konzipierte der Künstler als Versuch, das Trauma des Bürgerkriegs zu überwinden. Dabei verbindet Ramírez-Figueroa Rituale des Zubettbringens mit traditioneller Drucktechnik: In einem weißen, an ein Lazarett erinnernden Raum agiert der Künstler als Pfleger oder Heiler, dessen Handlungen sichtbare Spuren an den Körpern der Teilnehmer hinterlassen. Das ruhige, intime Ritual des Zubettbringens kann dabei als Initiation einer Wiedergeburt oder auch als vertrauensvolles Annehmen von Narben und Verletzungen der Vergangenheit interpretiert werden.

Die Skulpturenreihe *Babylonian Phantasy* (2015) rekurriert auf eine Kolonialisierung der anderen Art: Der Titel ist eine Anspielung auf die Überzeugungen des britischen Verschwörungstheoretikers David Icke, der das Übel der Welt einer als *Babylonian Brotherhood* bezeichneten Spezies außerirdischer Reptilienwesen anlastet, die als Menschen getarnt die zentralen Schalthebel der Macht bedienen. Die Objekte aus Styropor und Harz bestehen aus einer glatten, goldglänzenden Oberfläche und einer Rückseite, die von sich windenden, madenartigen Kreaturen befallen zu sein scheint. Ramírez-Figueroa lässt sich damit in spielerischer Weise auf Ickes abstruse Gedankenwelt ein. So weist er darauf hin, wie Verschwörungstheorien und Science-Fiction-Kitsch auf kulturell tief verwurzelte Mythen und Ängste zurückgreifen.

Naufus Ramírez-Figueroas komplexe Bilderwelten sind mehr als nur ein Abbild unserer visuell überlasteten Zeit. Sie zeigen, dass Bilder nicht nur unseren Blick auf die Realität, sondern auch die gesellschaftlichen Verhältnisse zwischen Personen bestimmen.

The works of Naufus Ramírez-Figueroa defy all genre classification. His sculptures and performances are hybrids of theater, mythology, dream interpretation, and conspiracy theories. Ramírez-Figueroa, born 1978 in Guatemala City, belongs to a generation of young artists that has been termed "Post-Internet"; indeed, he succeeds in translating the disturbing simultaneity of net reality—this jumble of comedy, tragedy, absurdity, and randomness—into poignant psychological tableaus.

A lightness and humor characterizes his way of appropriating the world, his approach to difficult and burdensome themes. Ramírez-Figueroa doesn't preach; instead, he depicts the multi-dimensionality of truth while investigating coping structures. Guatemala's violent history, scarred by colonialization, racism, and civil war, is a recurrent theme in his works. Childhood memories and stories form the basis of a sensitive exploration into universal topoi such as identity, allegiance, and alienation. The artist conceived the performance *The Print of Sleep* (2016) in an attempt to overcome the trauma of the civil war. In it, Ramírez-Figueroa connects bedtime rituals with a traditional printing technique: in a white room reminiscent of a hospital sick bay, the artist acts out the role of caretaker or healer whose actions leave visible traces on the participants' bodies. The quiet, intimate ritual of bringing someone to bed can be interpreted as initiating a resurrection or trustfully accepting the scars and injuries from the past.

The sculpture series *Babylonian Phantasy* (2015) refers back to a colonialization of an altogether different kind: the title alludes to the beliefs of the British conspiracy theorist David Icke, who blames the evil of the world on an extraterrestrial reptile species called *Babylonian Brotherhood,* which, disguised as human beings, occupy key positions of power. The objects, made from Styrofoam and resin, have a smooth, shiny golden surface and a reverse side that looks to be infested by squirming maggot-like creatures. In the piece, Ramírez-Figueroa playfully enters into Icke's obscure thinking, and in doing so, he demonstrates how conspiracy theories and science fiction kitsch draw from the culture's deeply rooted myths and fears.

Naufus Ramírez-Figueroa's complex visual worlds are more than just a reflection of our visually saturated time; they show that images determine not only our view of reality, but also the social relations between people.

Christian Falsnaes

Sebastian Preuss

Du bist das Werk

Kunst heißt bei Christian Falsnaes Partizipation. Wer eine seiner Performances erleben will, muss schon mitmachen, sich darauf einlassen, dass er tanzen, schreien, rennen, singen oder sonst etwas tun muss. Dass er womöglich vom Künstler selbst zum Herstellen oder zum Zerstören eines Kunstwerks angefeuert wird. Die Teilnehmer sollen wildfremde Menschen berühren, Schranken fallen lassen, sich an gruppendynamischen Prozessen beteiligen, die sie sonst wahrscheinlich nie zulassen würden. Auf der Art Basel 2014 hat Falsnaes mindestens zehn Besucher dazu gebracht, sich mitten im Messetrubel auszuziehen, instruiert über einen kabellosen Kopfhörer. Bei der Performance *One*, die während der *Portfolio*-Ausstellung in Rostock stattfindet, wählt Falsnaes per Zufall Teilnehmer aus, die er mit drangvoller Euphorie dazu antreibt, Bilder zu malen. Wer zuschaut, braucht nicht zu denken, er gehöre nicht dazu, denn ihn kann es jederzeit selbst treffen.

Der in Berlin lebende Däne entwickelt während seiner Aktionen eine starke physische Präsenz, er bannt die Menschen mit seinem verbalen Feuer und mitreißender Energie. Für *Syntax Error* (2013) etwa hat er eine idyllische Ausstellungseröffnung mit zehn trainierten Performern voll aufgemischt, es wurde randaliert und Aggression verbreitet, der sich niemand entziehen konnte. Und bei *Rise* (2014) hatte er den ganzen Theatersaal vollkommen im Griff. Sie klatschten, sangen, stürmten auch die Bühne, berührten sich, dann wurden alle fortgeschickt. „Ohne dich gibt es kein Werk", sagt er zu Besuchern, die nicht mitmachen wollen. Die Aura und die Intensität, die Falsnaes entwickelt, funktioniert aber meist; die Menschen machen mit, und es entstehen hoch intensive Situationen und Momente. Falsnaes zeigt, wie durch bloßes Agitieren eine Machtstruktur entsteht, wie ein Künstler Autorität über sein Publikum gewinnen kann. Auch dann, wenn er gar nicht mehr selbst anwesend ist, sondern seine Anweisungen über Kopfhörer erteilt. Es geht darum, soziale Dynamik erfahrbar zu machen, aber auch um die eingeübten Rituale im Kunstbetrieb, das immer gleiche Herumstehen auf Vernissagen, der halb gelangweilte Konsum, die Falsnaes gründlich aufmischt. Die Verschmelzung von Kunst und Leben, diese alte Verheißung der Avantgarde: Sie lässt sich noch aktivieren.

You Are the Work

For Christian Falsnaes, art means participation. Anyone interested in experiencing one of his performances has to get involved, be prepared to dance, scream, run, sing, or do something else. Expect that he might be incited by the artist to make or destroy a work of art. Participants are told to touch complete strangers, let down their guard and take part in group dynamic processes that they'd ordinarily never allow. At the 2014 Art Basel, Falsnaes convinced at least ten visitors to take off their clothes in the middle of the fair's hustle and bustle as they followed instructions delivered through a wireless headphone set. For the performance *One*, which takes place during the *Portfolio* exhibition in Rostock, Falsnaes selects his participants by chance and then compels them—urgently, euphorically—to paint pictures. Onlookers needn't think that they aren't part of things, because this can change at any moment.

During his actions, the Danish artist, who lives in Berlin, works up a strong physical presence, fascinating people with his verbal force and captivating energy. For *Syntax Error* (2013), for instance, he stirred up a placid exhibition opening with ten trained performers who rioted and spread aggression that no one present was able to escape. For *Rise* (2014), he took control of an entire theater. They clapped, sang, stormed the stage, touched one another, and then everyone was sent away. "Without you, there would be no work," he says to visitors that don't want to get involved. The aura and intensity that Falsnaes develops usually works, however; people do take part, and it results in extremely intense situations and moments. Falsnaes shows how a power structure arises through mere agitation, how an artist can gain authority over his audience. Even when he himself is no longer present, but only delivers his instructions via headphones. It's about making it possible for people to experience social dynamics, as well as the practiced rituals in the art establishment, the way people always stand around at openings in the same way, the half-bored consumerism that Falsnaes shakes up. The merging of art and life, this old promise of the avant-garde: as it turns out, it can still be tapped into.

John Bock

50–55

Silke Hohmann

Zwischen Slapstick und Erhabenheit

HalluzinationsFusion und neue Collagen von John Bock

Wir haben gelernt, dass Kunst betrachtet und entschlüsselt werden muss und dann wirken soll. Und so nähern wir uns Kunstwerken – denkend, dechiffrierend, in Erwartung bestimmter Botschaften.

Bei den Installationen, Videos und Performances von John Bock ist dieses Rüstzeug eher hinderlich – darum besteht ein Teil seiner Kunst auch immer darin, diese eingeübte Haltung aufzulösen und eine neue möglich zu machen.

Seine Materialien wollen Angst vor Kunst, die vorsichtige Distanz der Betrachter zu Kunstwerken und deren Bedeutung verringern. Objekte, Installationen und Videos bestehen aus vertrauten Dingen, sie sind nahbar, porös, unperfekt wie Alltägliches. Angekratzt oder schludrig gemacht, wollen sie nichts Besonderes sein. Ehrfurchtslos können sich in John Bocks Werken seine Gedanken und seine Haltung entfalten.

In der Installation *HalluzinationsFusion* (2012) sind sich drehende Scheiben so montiert, dass ein Raum mit vier Wänden entsteht. In der Mitte steht ein Schlagzeug. Die spiralförmige Bemalung der Scheiben lässt eine halluzinatorische Sogwirkung entstehen, gleichzeitig sind sie Projektionsfläche für einen Film. Darin hantieren Darsteller in historischen Kostümen gemeinsam mit verschiedenen Objekten, deren genaue Funktion völlig unklar ist. Elemente aus Slapstick und Gruselfilm, ein psychedelischer Sound, die Laute, Grimassen und Gesten der Darsteller ergeben den unscharfen Charakter einer Traumsequenz, die weder Sinn noch Handlungslogik erfordert. Trotzdem ist eine bestimmte Dringlichkeit spürbar. Es geht um Miteinander und Gegnerschaft, um Durchdringung und Auflösung. Ein ungewisser Höhepunkt bahnt sich an.

HalluzinationsFusion wird ergänzt durch eine Reihe von neu entstandenen Collagen. Sie bestehen aus Bildern von verschiedenen Filmszenen des Künstlers, die neu zusammengesetzt werden. Sie sind mit Alltagsutensilien ergänzt: Wattestäbchen oder andere Gegenstände aus dem täglichen Bedarf geben den Collagen eine plastische Dimension und lassen sie wie Renaissancebühnen wirken. Die Objekte und die Personen treten in Verbindung zueinander, es entsteht eine neue, weiterführende Geschichte.

Doch John Bock verlässt sich nicht allein auf die Idee, das Erhabene und das Profane in der Kunst nebeneinander zu stellen. Im Zusammenspiel der Objekte und Handlungen entsteht ein neuer erzählerischer Raum. Wie präzise er die Wahl seiner Mittel und sein inhaltliches künstlerisches Anliegen aufeinander abstimmt, kann man in der tatsächlichen, unvoreingenommenen Begegnung mit seinen Werken erfahren.

Between Slapstick and Sublimity

HalluzinationsFusion and New Collages by John Bock

We have learned that art has to be observed and decoded before it has an effect. And so this is how we approach works of art—we think, decipher, and expect specific messages.

In John Bock's installations, videos, and performances, this equipment tends to get in the way—and for this reason, a part of his art always consists in doing away with this practiced standpoint to make room for a new one.

His materials aim to assuage the viewer's fear of art and lessen his cautious distance to the work and its meaning. Objects, installations, and videos consist of familiar things, and are as approachable, porous, and imperfect as everyday life. Beat up or made sloppy, they're not interested in being anything special. Bock's thoughts and attitude unfold irreverently in his works.

In the installation *HalluzinationsFusion* (2012), revolving discs are mounted in such a way that they give rise to a room with four walls. A drum set is placed at the center. The spiral-shaped painting on the discs exerts a hallucinatory pull; at the same time, they're a projection surface for a film in which actors wearing period costumes handle various objects whose precise function remains unclear. Elements of slapstick and horror films, a psychedelic sound, and the actors' sounds, grimaces, and gestures merge to create a foggy dream sequence that requires neither meaning nor a logical plot. A certain urgency is palpable nonetheless. It's a matter of being together, of opposition, of permeation and dissolution. An uncertain climax draws near.

HalluzinationsFusion is augmented by a series of new collages consisting of images from various scenes in the artist's films, reassembled here and expanded with everyday utensils; cotton swabs and other objects of daily use lend the collages a sculptural dimension, make them resemble Renaissance stages. The objects and persons depicted connect with one another, and the result is a new story.

Yet John Bock does not solely rely on the idea of juxtaposing the sublime and the profane in his art. In the interplay between objects and action, a new narrative space arises. In a true, unprejudiced encounter with Bock's works, one can see just how precisely his choice of means and thematic artistic aims are attuned to one another.

Christiane Meixner

Es ist ein Misfits-Moment, den Klara Lidén in ihrem Video *Warm up: Hermitage State Theatre* (2014) inszeniert. Die schwedische Künstlerin, Jahrgang 1979, nimmt an einem Training des staatlichen Balletts von St. Petersburg teil – in T-Shirt und Leggings, auf Socken und mit Kurzhaarfrisur. All das hebt sie von den Tänzerinnen ab, deren fließende Bewegungen Lidén mit zeitlicher Verzögerung nachahmt. Die Choreografie ist ihr unbekannt. Sie will auch gar nicht den Anschein erwecken, als gehöre sie dazu. Stattdessen orientiert sie sich mit Seitenblicken an ihren Nachbarinnen, um deren einstudierte Bewegungen nachzuahmen.

Jede Szene des knapp vierminütigen Videos wird über den Spiegel im Raum reflektiert. Er dient den Ballettschülerinnen zur Überprüfung, offenbart in der Arbeit jedoch seine doppelbödige Funktion: Der Betrachter kontrolliert die Künstlerin. Was er sieht, ist mehr Verweigerung als Perfektion. Klara Lidén stört allein durch ihren Unwillen zur Anpassung.

Es braucht nicht viel, um den politischen Subtext jener Arbeit für die Manifesta 2014 in St. Petersburg zu lesen. Darüber hinaus offenbart sich in *Warm up* aber auch Lidéns künstlerische Strategie, die auf eine mehr oder minder subtile Torpedierung des Alltags zielt. Sie äußert sich in der Beschneidung immergrüner Hecken, die statt dekorativer Formen die Umrisse von Müllcontainern annehmen. In dem Video *Paralyzed*, das sie 2003 bekannt gemacht hat, gibt die Künstlerin alle Umgangsformen für einen wilden Tanz in der U-Bahn auf, den die übrigen Passagiere vergeblich zu ignorieren versuchen. Für ihre Objektserie *Untitled (Trashcan)* demontiert sie unerlaubt städtische Abfallbehälter, um sie anschließend im institutionellen Raum von Kunstvereinen oder Museen erneut zu installieren. Und immer begeht Lidén, die in Stockholm erst Architektur und anschließend Kunst und Design studierte, Grenzüberschreitungen. Manche dieser Grenzen sind sozial konnotiert, andere betreffen den öffentlichen oder privaten Raum. Ihre Interventionen begreift die Künstlerin als Form der Rückaneignung – spielerisch narrativ, aber durchaus mit dunkel aggressivem Potenzial.

It's one of those Misfits moments that Klara Lidén stages in her video *Warm up: Hermitage State Theatre* (2014). The Swedish artist, who was born in 1979, takes part in a rehearsal at the State Ballet of St. Petersburg – in T-shirt and leggings, socks and short hair, all of which sets her apart from the dancers, whose fluid movements Lidén imitates after some delay. She's unfamiliar with the choreography; she doesn't even try to create the impression that she belongs. Instead, she peers sideways at her neighbors to copy their studied movements.

Each scene of the roughly four-minute video is taken through the mirror in the room, which serves the ballet students as a corrective measure. In the work, however, the mirror's ambivalent function is revealed: the viewer controls the artist, and what he or she sees resembles refusal more than perfection. Klara Lidén is a disruption, purely by virtue of her unwillingness to adapt.

It's not hard to read the political subtext of the work, which was made for Manifesta 2014 in St. Petersburg. Beyond this, however, what *Warm up* also reveals is Lidén's artistic strategy, which aims to annihilate the everyday in a subtle or less than subtle way. This strategy expresses itself, for instance, in the trimming of evergreen hedges that take on the form of garbage cans instead of decorative shapes. In the video *Paralyzed*, which made the artist's name in 2003, she abandons normal behavior to dance wildly in the subway, which the other passengers try, in vain, to ignore. For her series of objects *Untitled (Trashcan)*, she dismantled, without permission, city trash bins and reinstalled them in the institutional spaces of art associations and museums. Lidén, who first studied architecture and then art and design in Stockholm, is always transgressing boundaries. Some of these boundaries are socially connotative, while others apply to the public and private spheres. The artist sees her interventions as a form of reappropriation—narratives delivered in a playful way, but harboring a darkly aggressive potential.

Christiane Meixner

Erinnerungen füllen die Arsenale, aus denen Yael Bartana für ihre Arbeit schöpft. Wenn die 1970 im israelischen Afula geborene Künstlerin Kolonnen von Autos filmt, deren Fahrer plötzlich halten, um sich schweigend auf die Straße zu stellen, hält sie an einem Ritual fest, das in ihrer Heimat fest verankert, außerhalb dagegen kaum bekannt ist. *Trembling Time* (2001) zeigt die alljährliche Schweigeminute für die Opfer der Kriege Israels.

In diesem Spannungsfeld privater und kollektiver Erinnerung, dem Individuum und seinem Verhältnis zur Gesellschaft siedeln Bartanas politisch aufgeladene Videos, ihre multimedialen Installationen und eine Aktion wie *Jewish Renaissance Movement in Poland*, mit der sie 2012 während der 7. Berlin Biennale die Rückkehr von Millionen Juden nach Polen forderte. Damit provoziert sie bewusst, setzt Emotionen frei und fordert zugleich zur Reflexion heraus. Ihr Video *Summer Camp*, das 2007 auf der Documenta 12 in Kassel zu sehen war, begleitet ein internationales Team beim Wiederaufbau eines palästinensischen Hauses, das israelische Behörden hatten abreißen lassen.

Bartanas Videoarbeiten wirken inszeniert, obwohl sie dokumentarisches Material nutzt. Für weitere ihrer Arbeiten verwandelt sie alltägliche Gegenstände in hochartifizielle Objekte. *Tashlikh (Cast Off)* von 2017 lässt Kleider, Fotografien, Orden, Taschen und Schwimmwesten in Slow Motion vor einem dunklen Hintergrund ins Nichts fallen. Es sind Requisiten einer Vergangenheit, die sich mit persönlichen Geschichten und Gefühlen verbinden. Angenehme Erinnerungen mögen ebenso darunter sein wie traumatische Erlebnisse, die von Familien seit Generationen gehütet werden. Ihre Botschaft bleibt für Außenstehende unlesbar, doch ihre imaginative Kraft offenbart sich. Eine Jacke bläht sich im Fall auf. Ein Kleid füllt sich mit Luft und lässt an den Körper denken, der es einmal besessen hat. Dazwischen sinken Schädel nieder. Yael Bartana hat sich von dem jüdischen Brauch *Taschlich* inspirieren lassen, der es einem erlaubt, mit dem Müll aus seinen Kleidertaschen auch das Geröll der Seele im Meer zu versenken. Daraus erwächst jene Freiheit, die nicht zuletzt für die gedanklichen Experimente der Künstlerin notwendig ist.

Memories fill the arsenals Yael Bartana draws from for her work. When the artist, who was born in 1970 in Afula, Israel, films lines of cars whose drivers have suddenly stopped to stand silently in the street, she is recording a ritual that, while firmly anchored in her home country, is barely known outside Israel. *Trembling Time* (2001) depicts the annual minute of silence for the victims of Israel's wars.

Bartana's politically charged videos and multimedia installations draw from this interplay between private and collective memory, the individual and her relationship to society, as does the action titled *Jewish Renaissance Movement in Poland* of 2012, shown at the 7th Berlin Biennale, in which she calls for the return of millions of Jews to Poland. The work is a deliberate provocation that triggers emotion, but also invites the viewer to reflect. Bartana's video *Summer Camp*, which was shown in 2007 at the Documenta 12 in Kassel, follows an international team as they rebuild a Palestinian house torn down by Israeli authorities.

Even though she uses documentary material, Bartana's video works feel staged. For other works, she transforms everyday things into highly artificial objects. In *Tashlikh (Cast Off)* from 2017, clothing, photographs, medals, handbags, and life jackets fall in slow motion before a dark background. These are the props of a past connected to personal stories and emotions—pleasant memories as well as traumatic experiences that have been hidden in families for generations. Their message remains illegible to outsiders, but their imaginative power is evident. During the fall, a jacket balloons; a dress fills up with air and calls the body to mind that once wore it. Between them, skulls descend. Yael Bartana sought inspiration in the Jewish tradition *Tashlich,* which allows the faithful to throw away the trash in their pockets and thereby cast the debris of the soul into the sea. A freedom arises from this, the very freedom necessary for the artist to carry out her conceptual experiments.

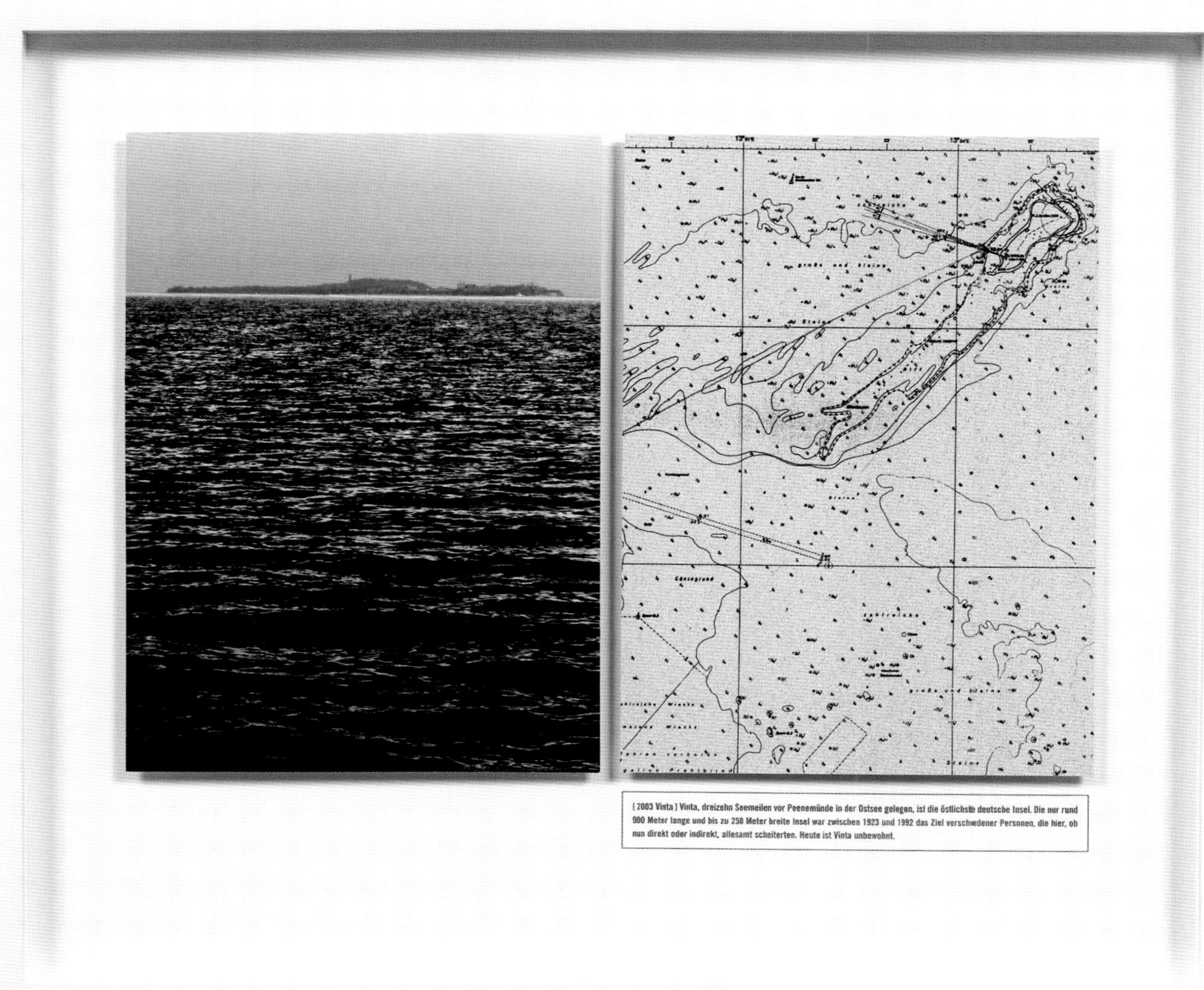
[2003 Vinta] Vinta, dreizehn Seemeilen vor Peenemünde in der Ostsee gelegen, ist die östlichste deutsche Insel. Die nur rund 900 Meter lange und bis zu 250 Meter breite Insel war zwischen 1923 und 1992 das Ziel verschiedener Personen, die hier, ob nun direkt oder indirekt, allesamt scheiterten. Heute ist Vinta unbewohnt.

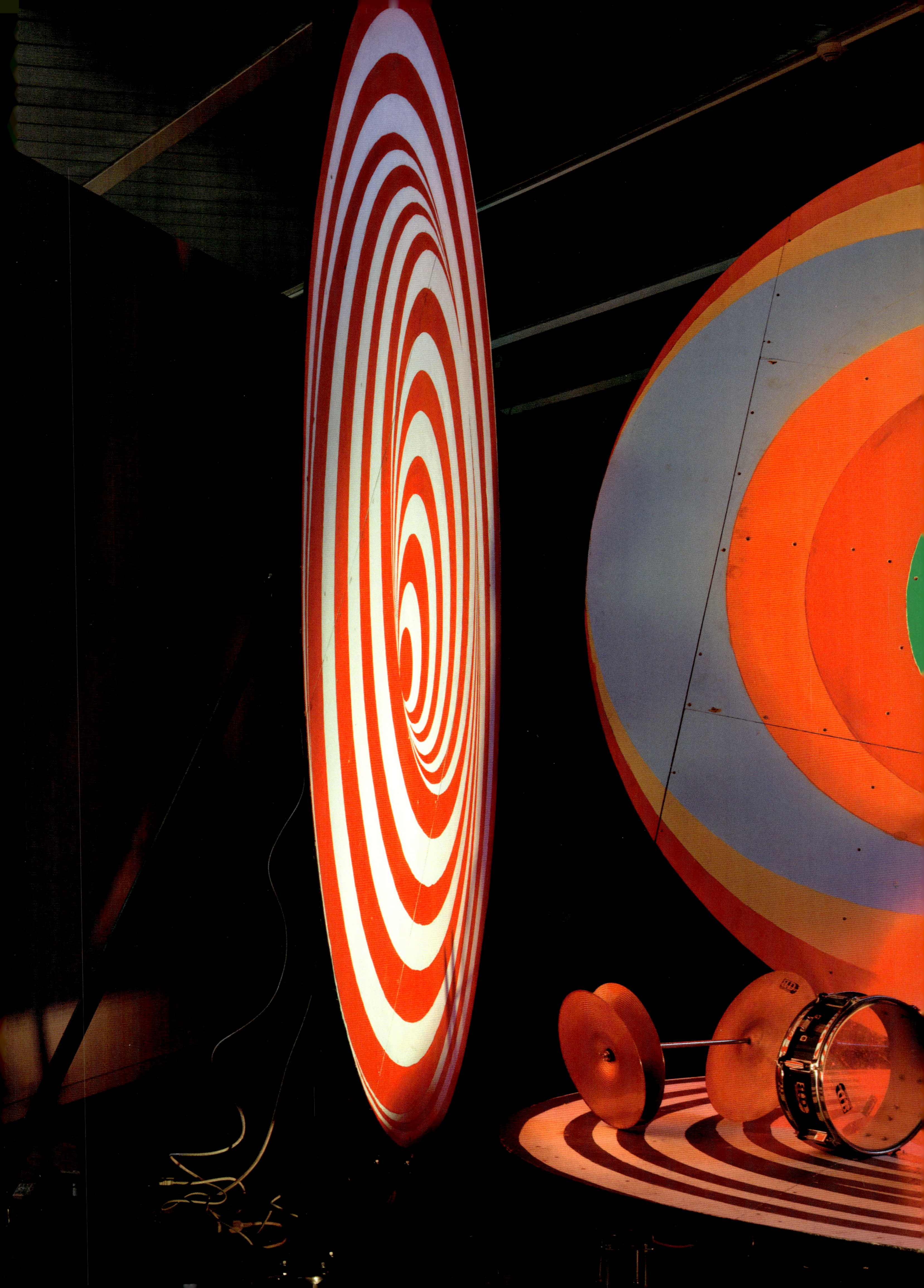

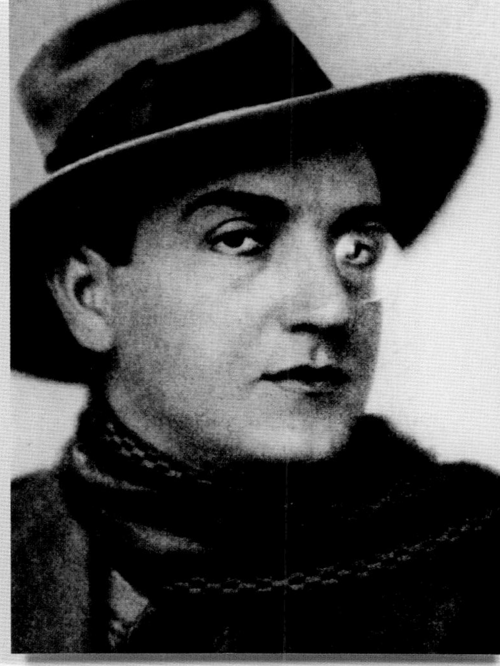

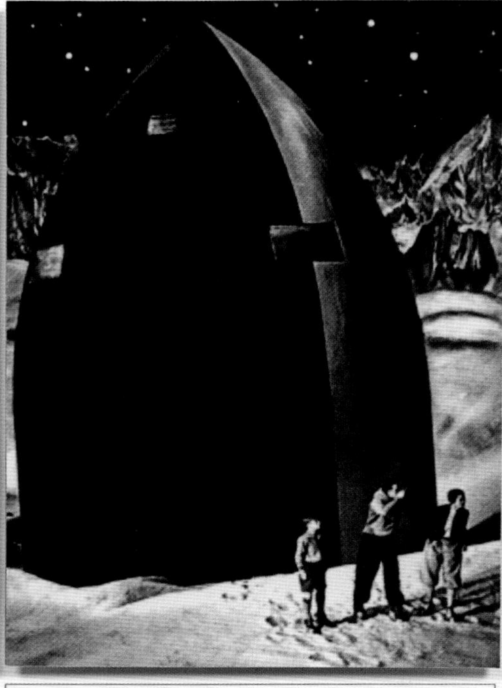

[1929 Fritz Lang] Zwar war Fritz Lang für »Metropolis« allgemein vom Publikum gelobt worden, finanziell aber war der Film durch die immensen Produktionskosten ein Flasko. Entsprechend groß war der Druck, der seitens der UFA auf ihm lastete. Langs neuester Film, das utopische Märchen »Die Frau im Mond«, wurde auf Vinta gedreht. Mithilfe von mehr als 80 Tonnen Ostseesand, die in wochenlanger Arbeit vom Strand der Insel auf die großen Wiesen gekarrt wurden, ließ er Vinta in eine gigantische Mondlandschaft verwandeln. Nachts sah man Lang oft durch dieses surreale Ensemble in Richtung Rakete spazieren – er hatte sie eigens für den Film entwickeln lassen. Um den Raketenstart im Stummfilm erklären zu können, erfand er das Rückwärtszählen - den Countdown. Als sich Lang jedoch für diesen Film der neu aufkommenden Technik des Tonfilms verweigerte, trennte sich die UFA von ihrem erfolgreichsten Regisseur.

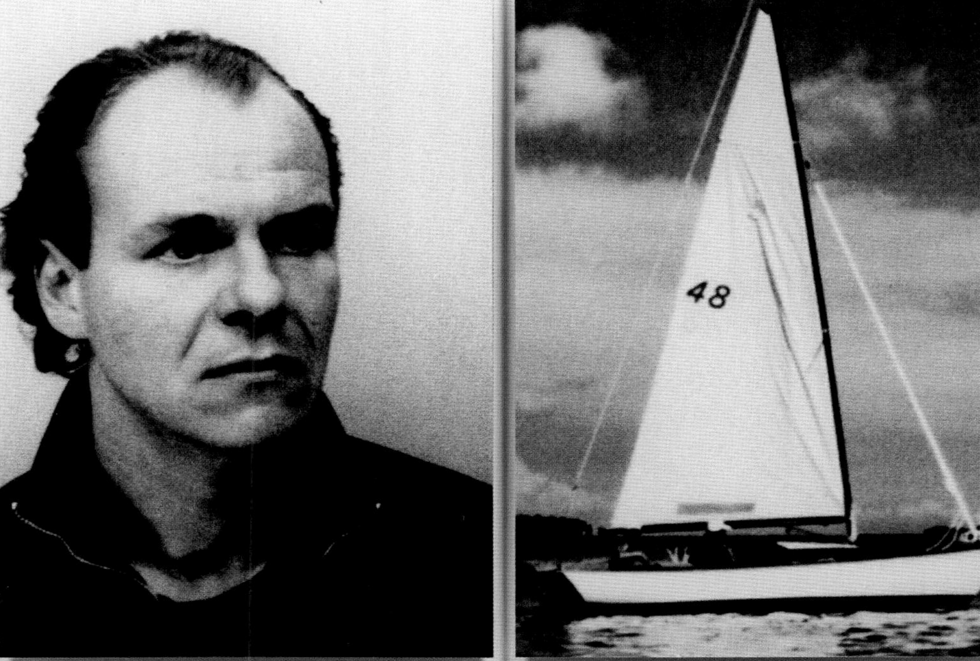

[1968 Dieter Pohlmann] Der Kinderarzt Dieter Pohlmann hatte seine Flucht über die Ostsee gut vorbereitet: Jahrelang segelte er mit Freunden des Segelsportclubs im Greifswalder Bodden und prägte sich dabei unauffällig die Ein - und Auslaufzeiten der Patrouillenboote des nahe gelegen Marinestützpunktes Peenemünde ein. Seit 1961 war auch die seewärtige Grenze der DDR abgeriegelt. Pohlmann wagte die Flucht dennoch weit im Osten, weil er den Küstenabschnitt hier für weniger bewacht hielt. Er brauchte also nur die 12-Meilen Zone zu erreichen und dann in nordöstlicher Richtung das dänische Bornholm anzusteuern. Dieter Pohlmann wußte jedoch nicht von der Existenz der Insel Vinta, die als Sperrgebiet in keiner zivilen Seekarte verzeichnet war. Mit dem Bau der Mauer war auch dort ein Grenzposten errichtet worden. Pohlmann, im Glauben, er sei bereits auf Bornholm, soll die verdutzten DDR-Grenzer auf dänisch begrüßt haben.

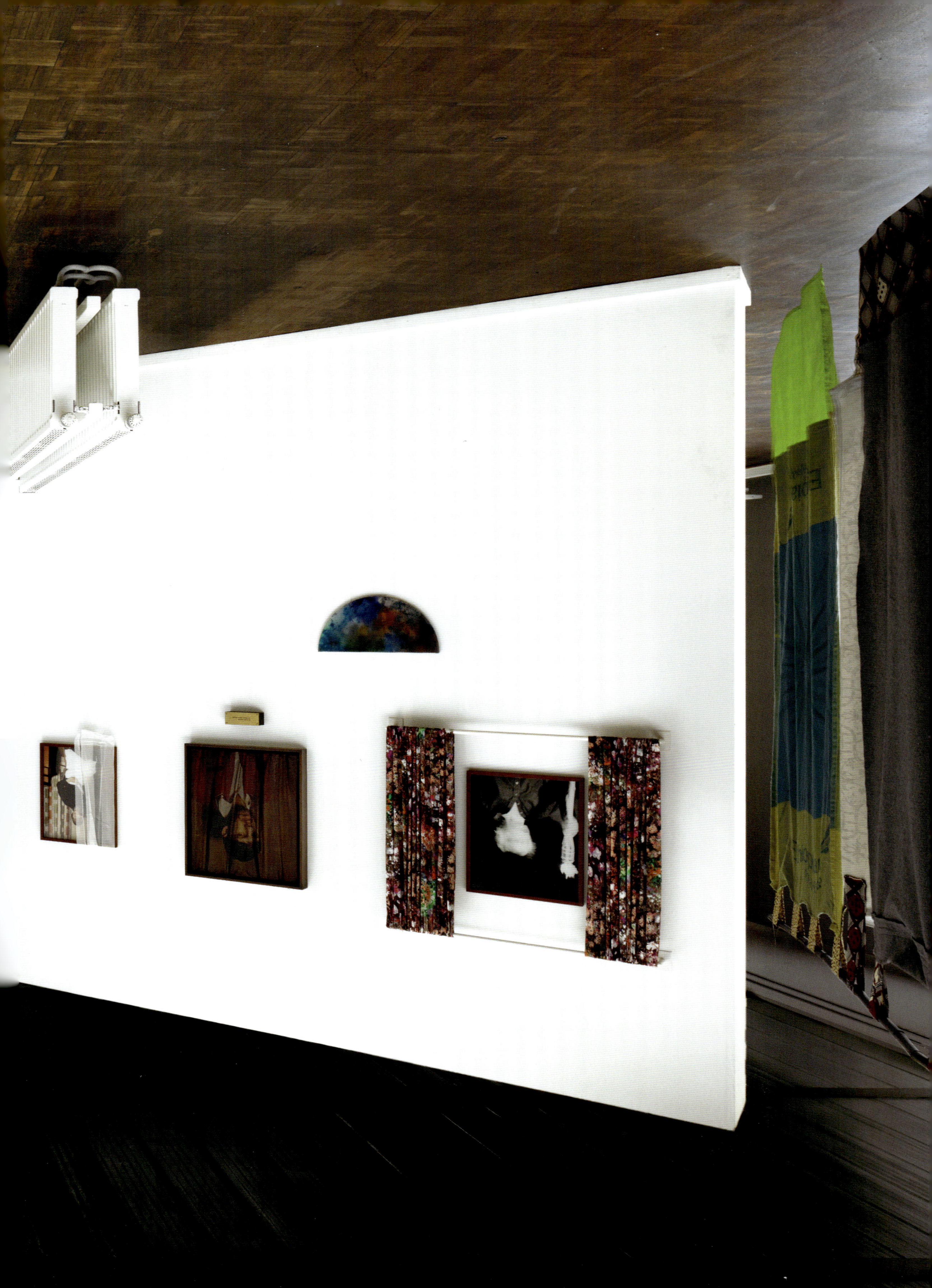

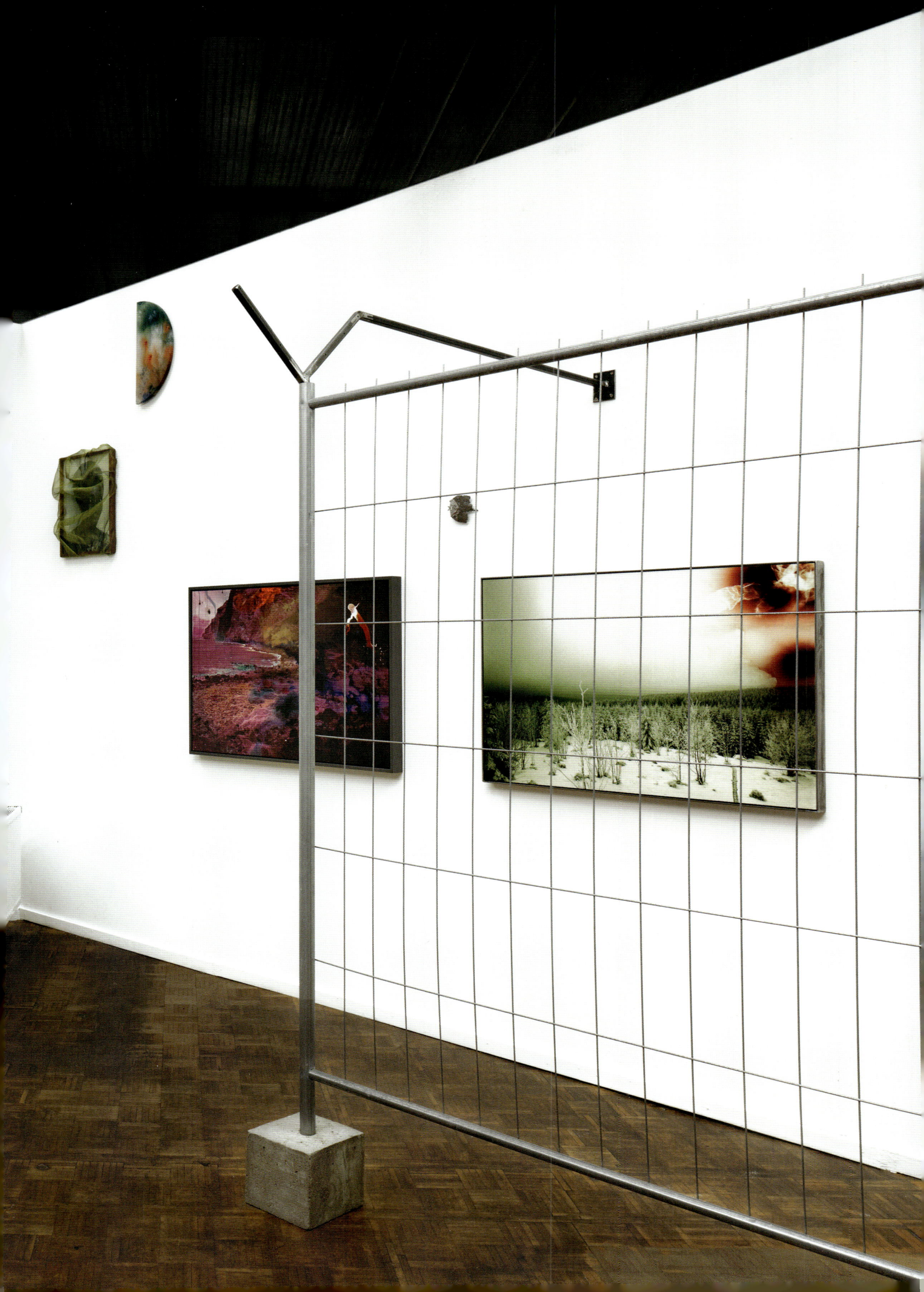

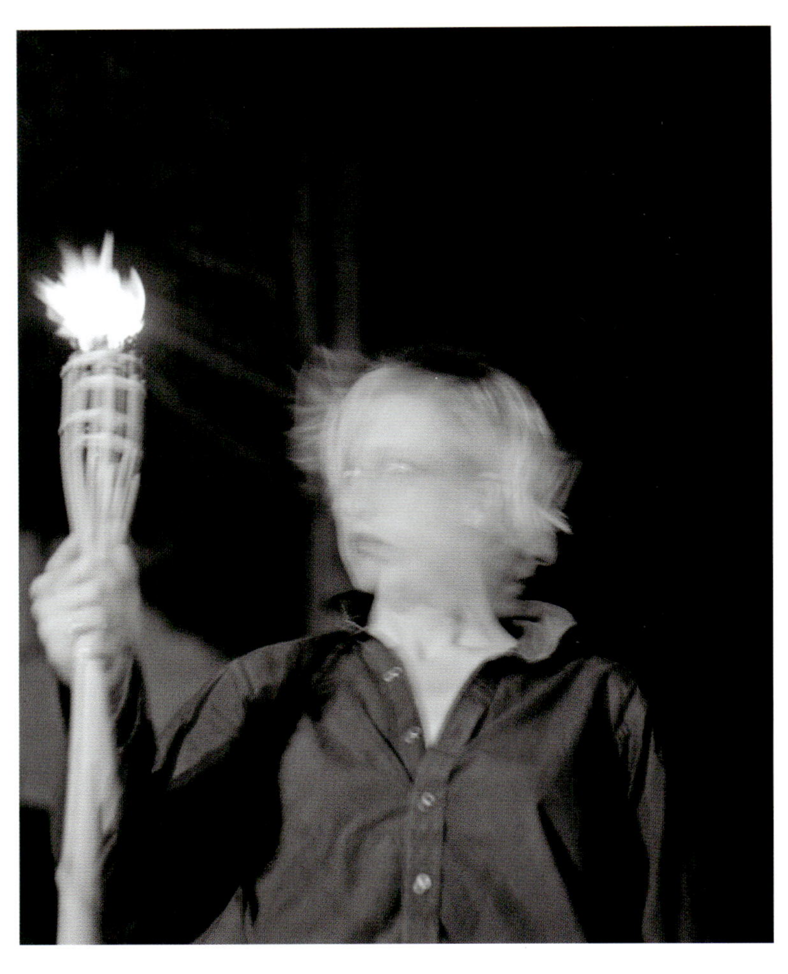

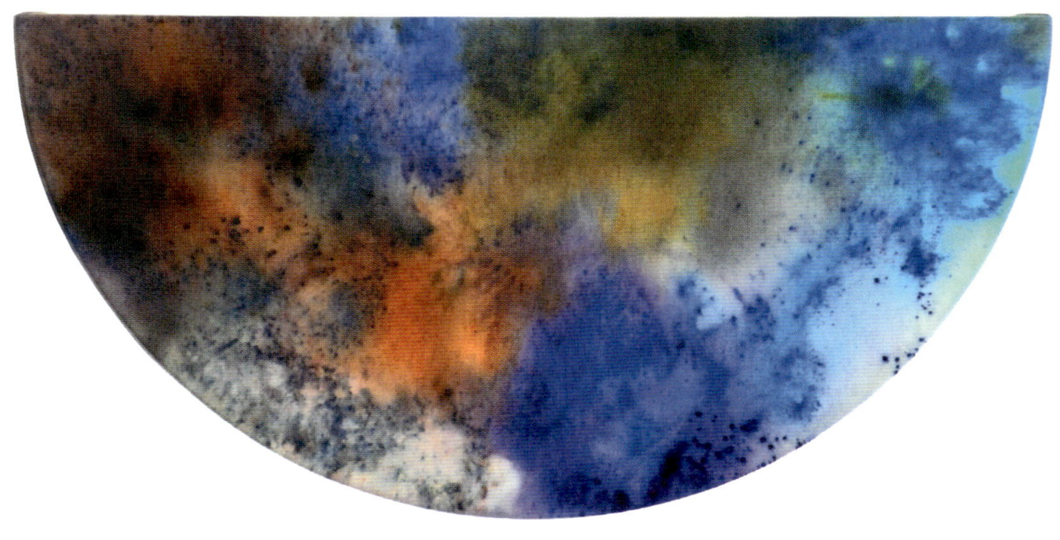

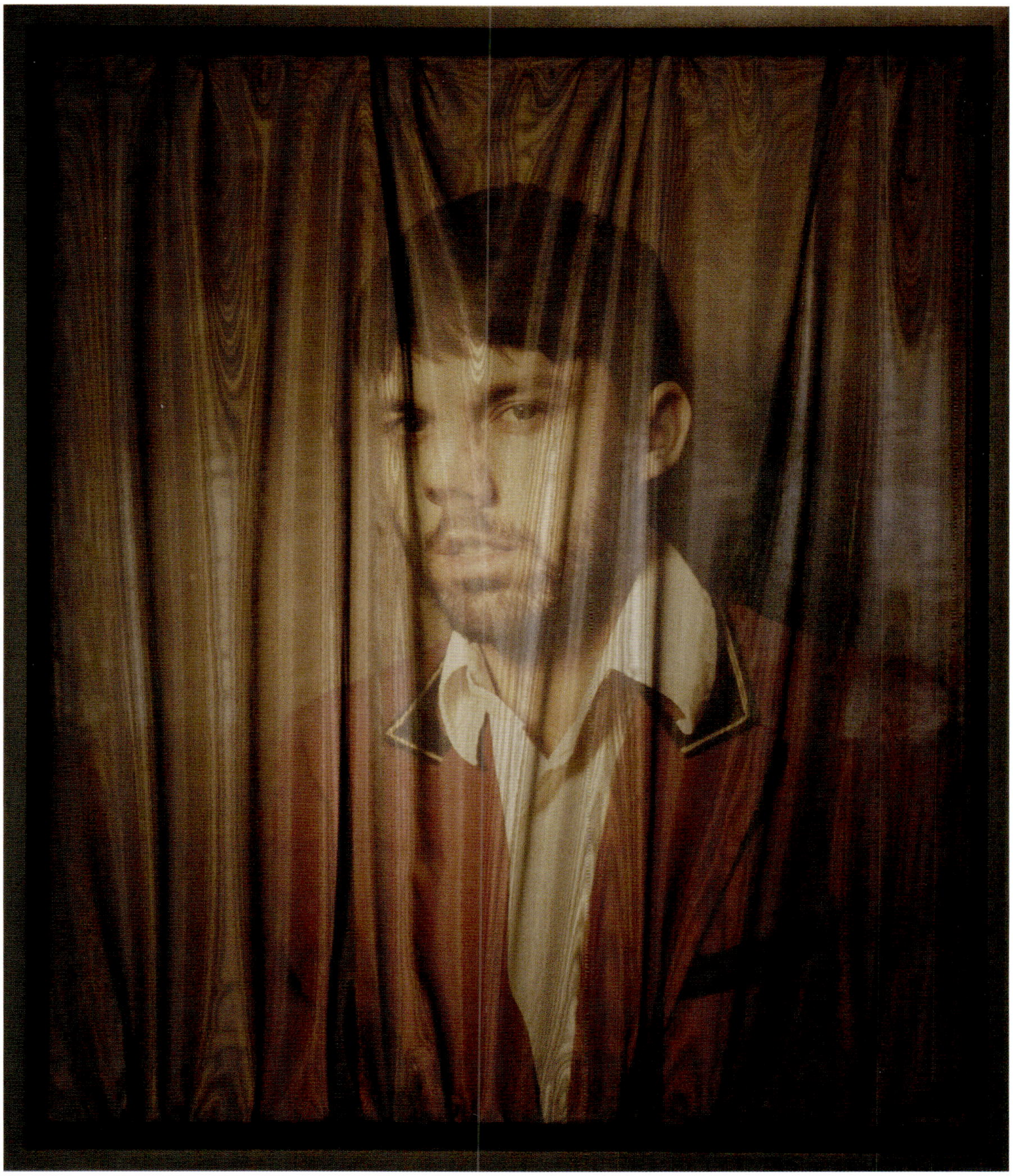

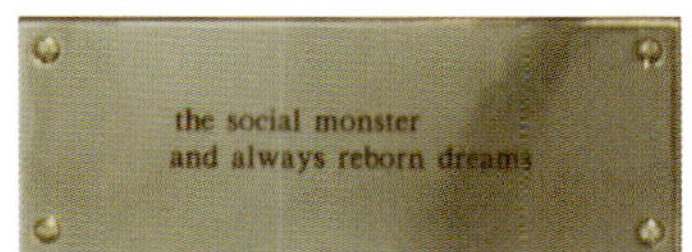
the social monster
and always reborn dreams

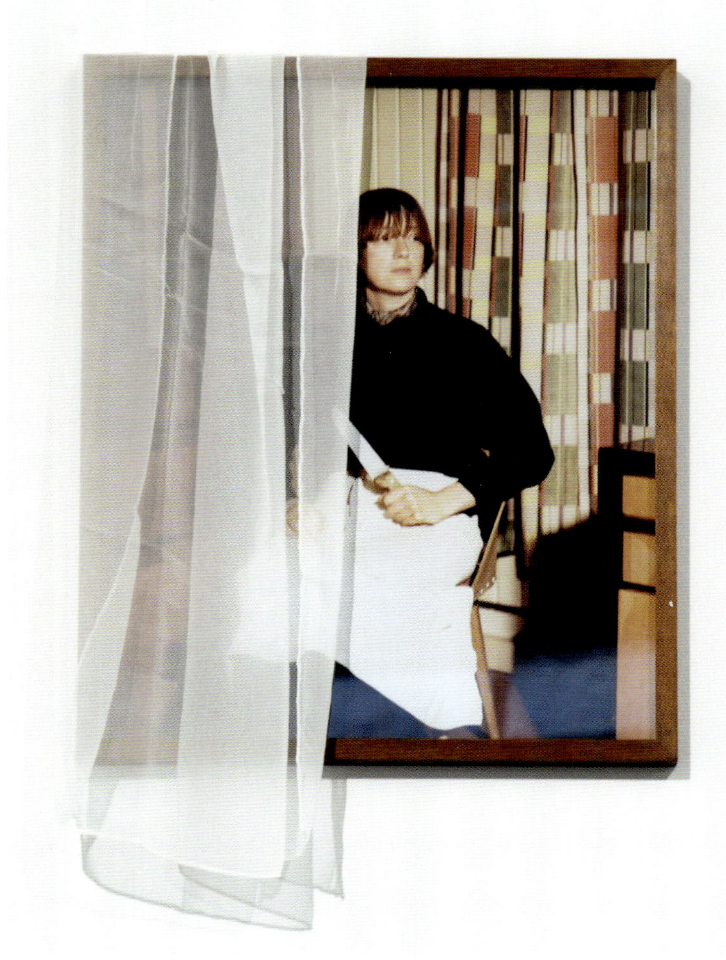

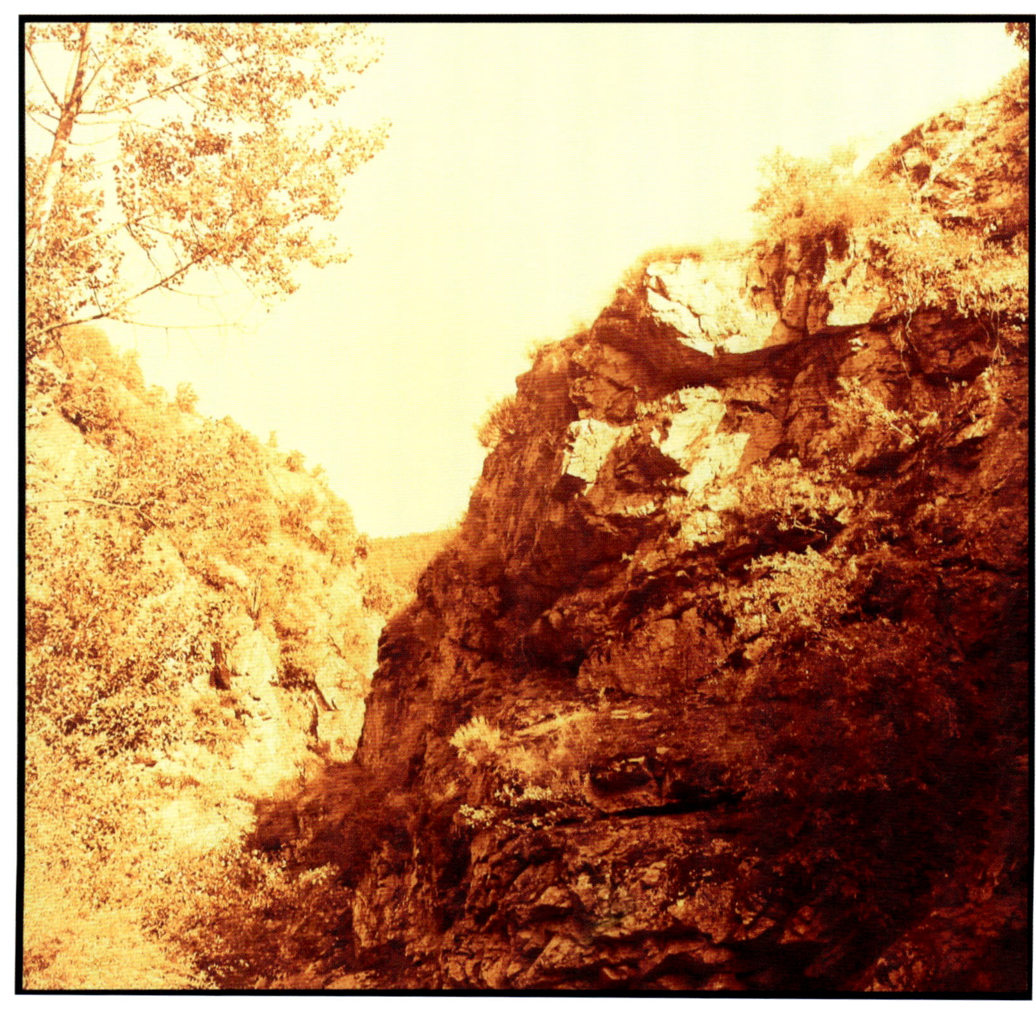

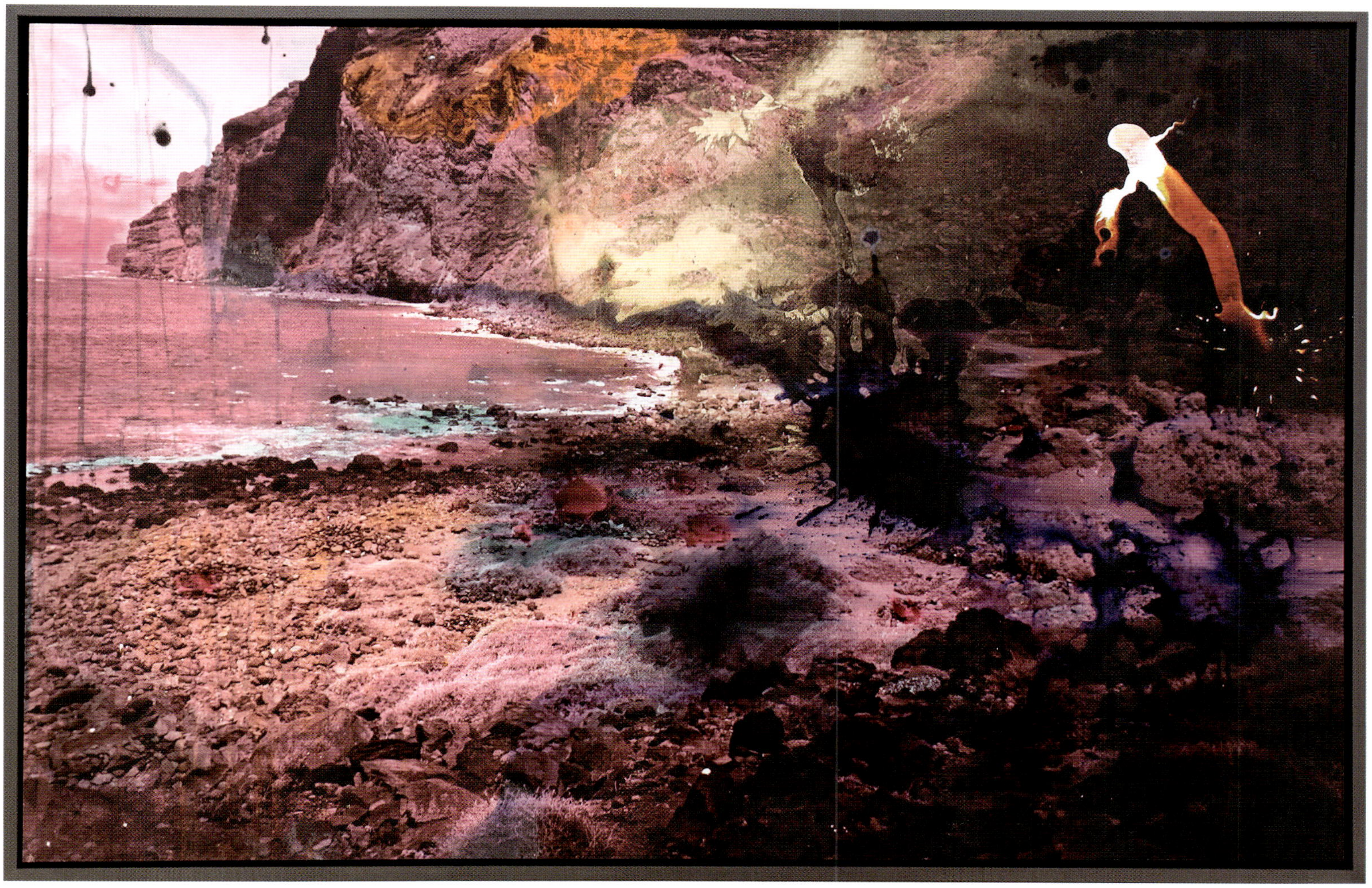

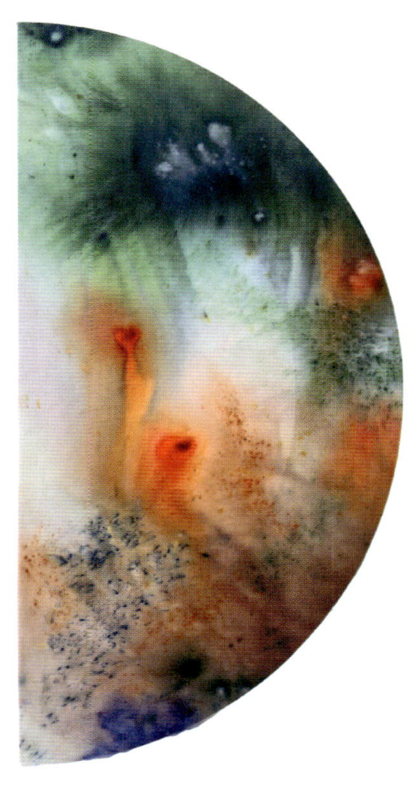

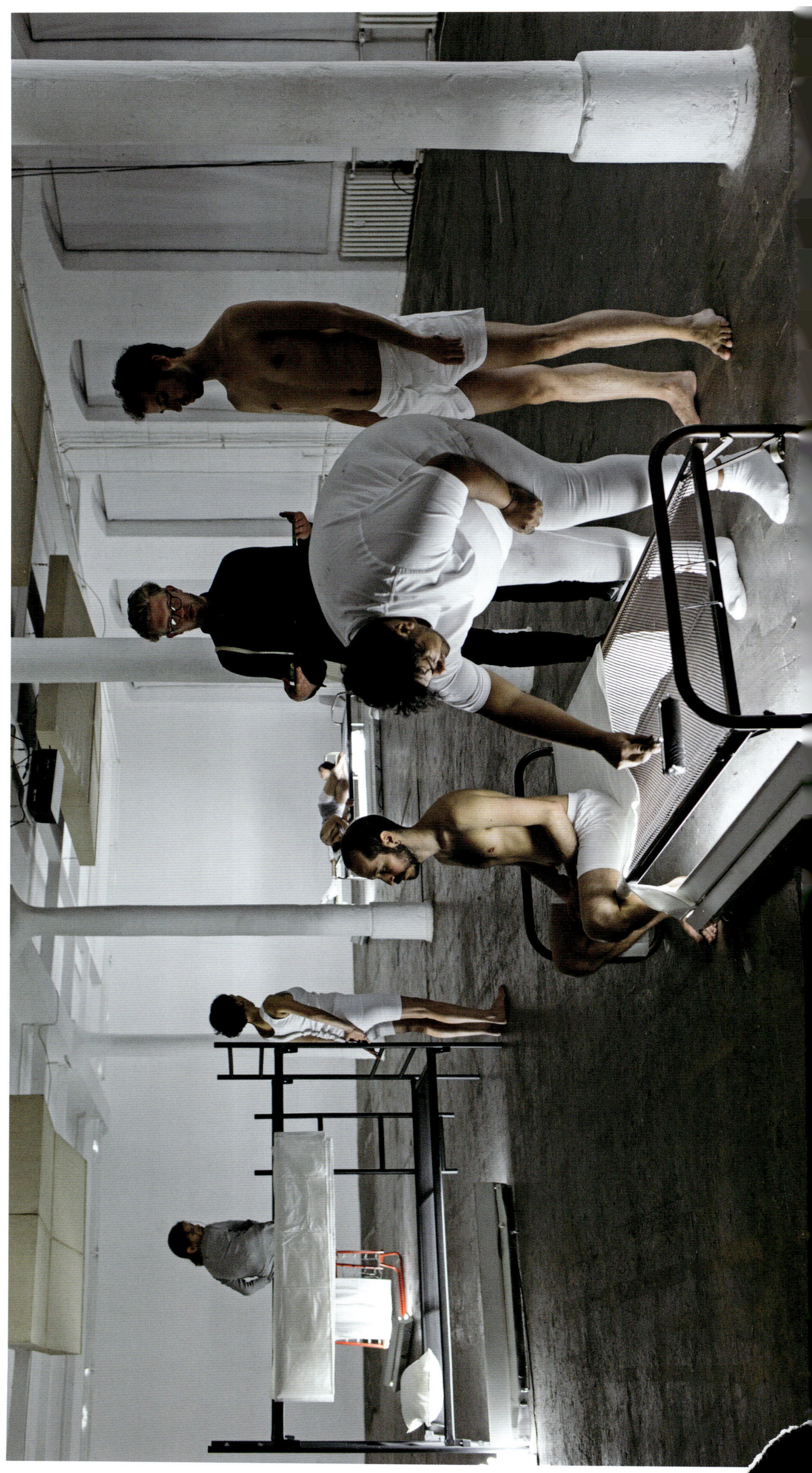

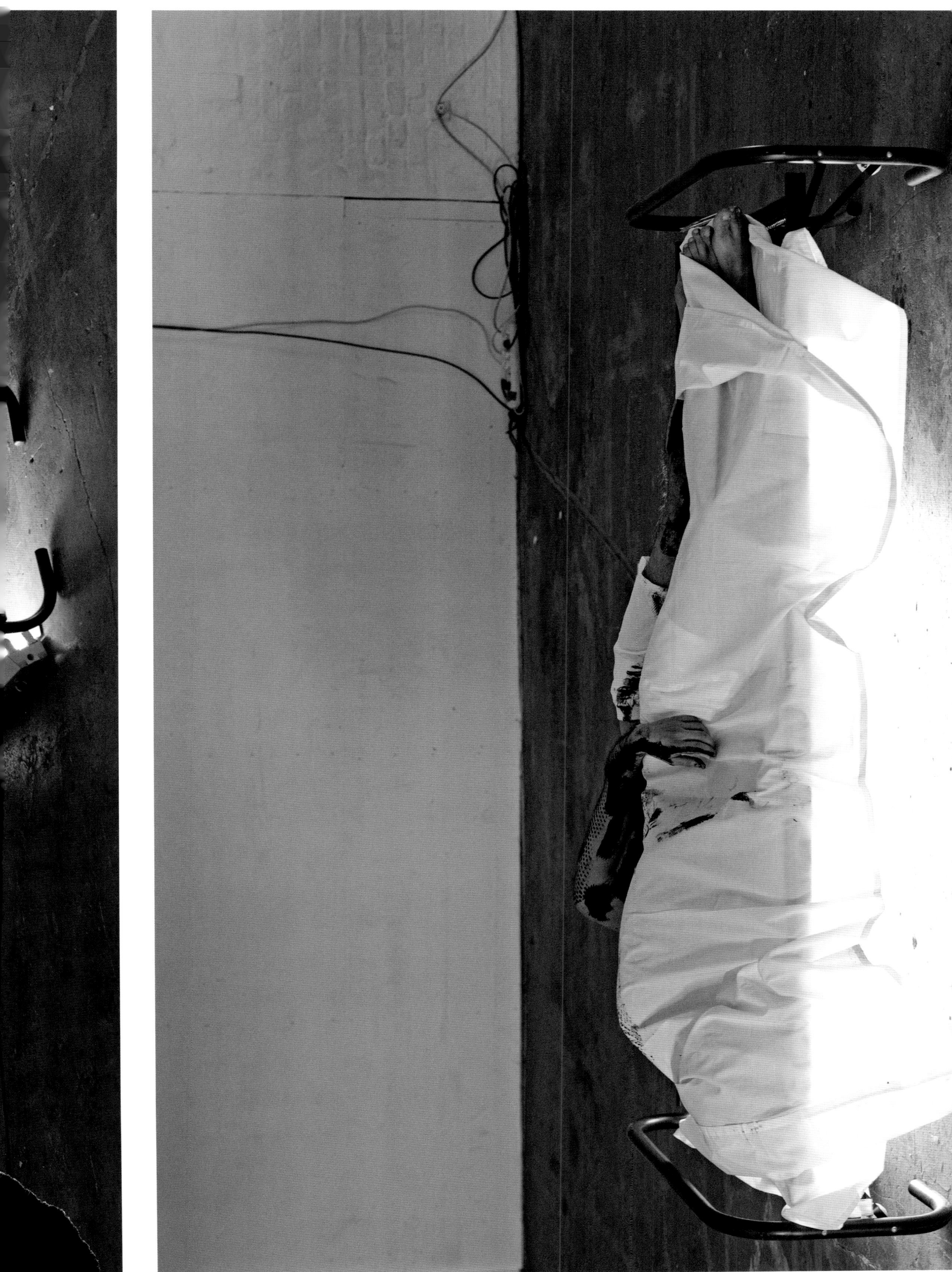

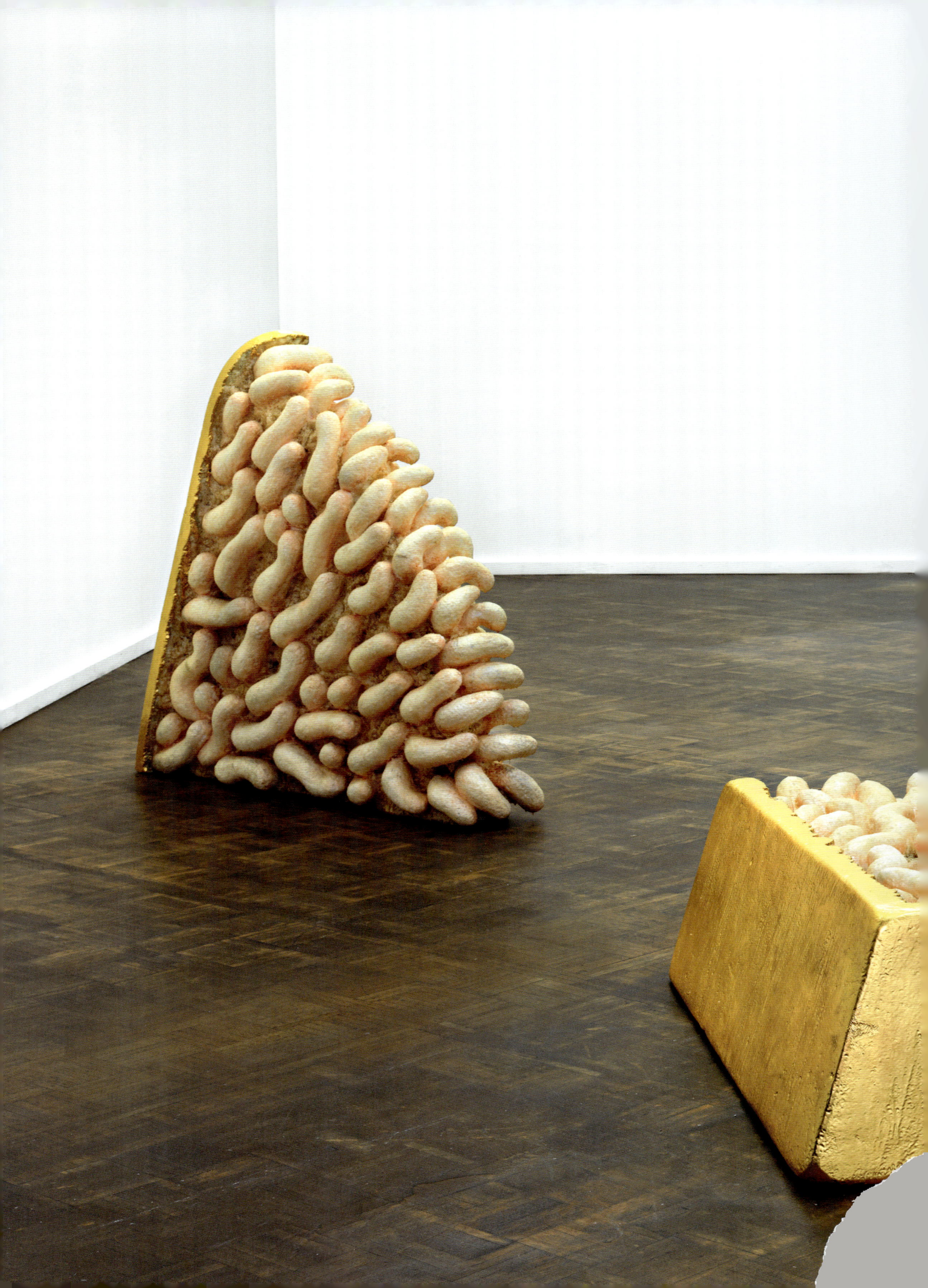

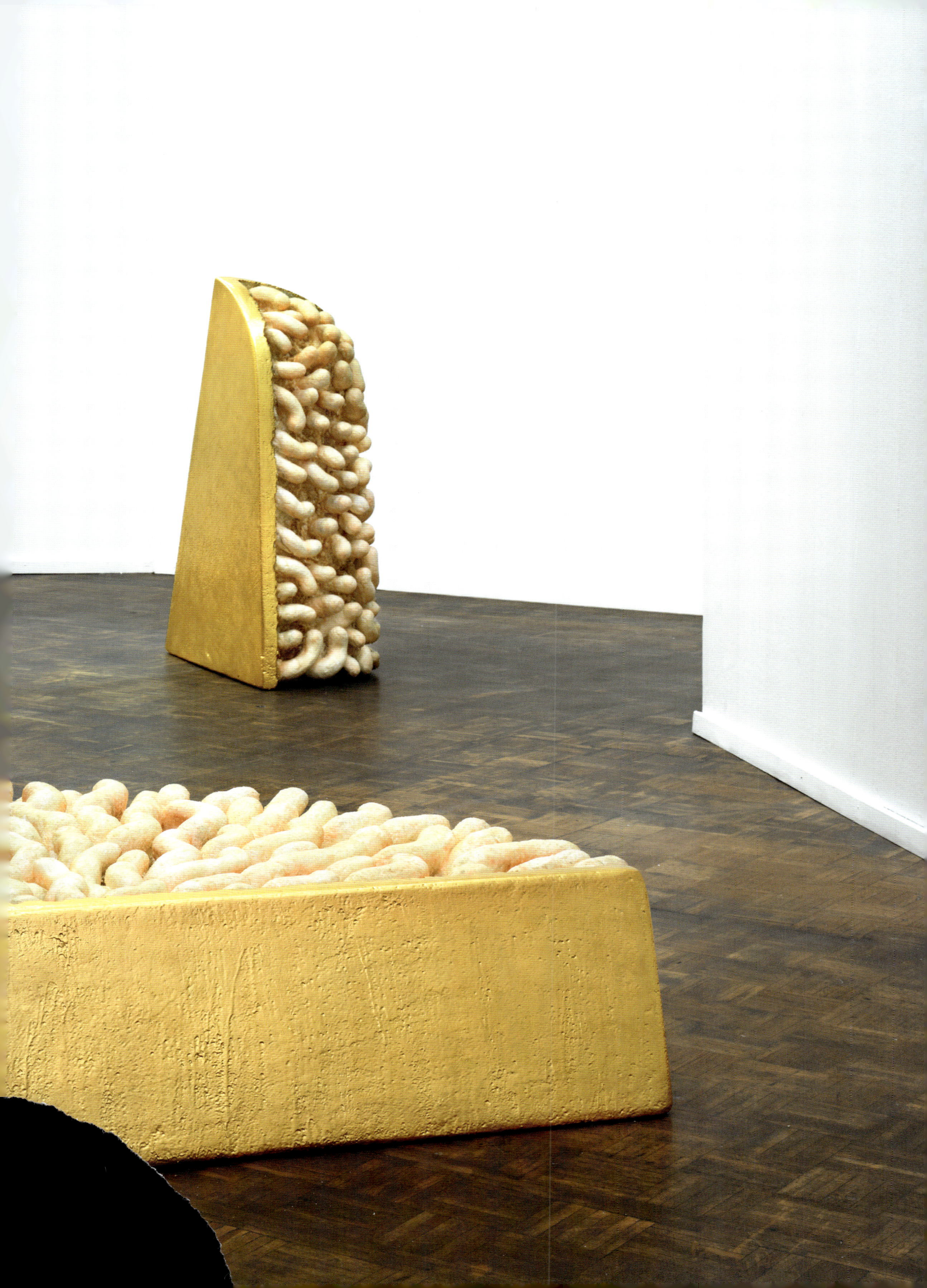

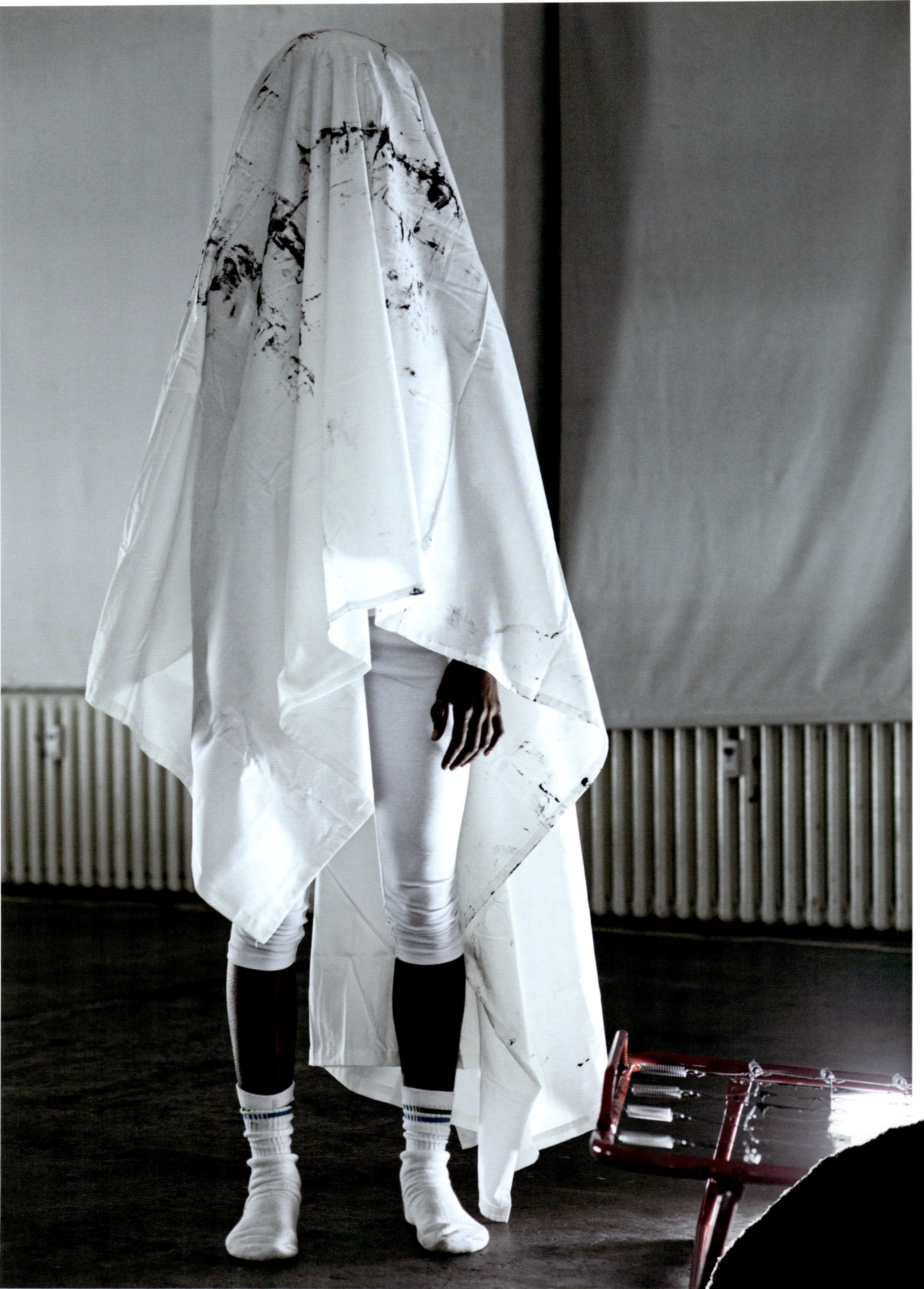

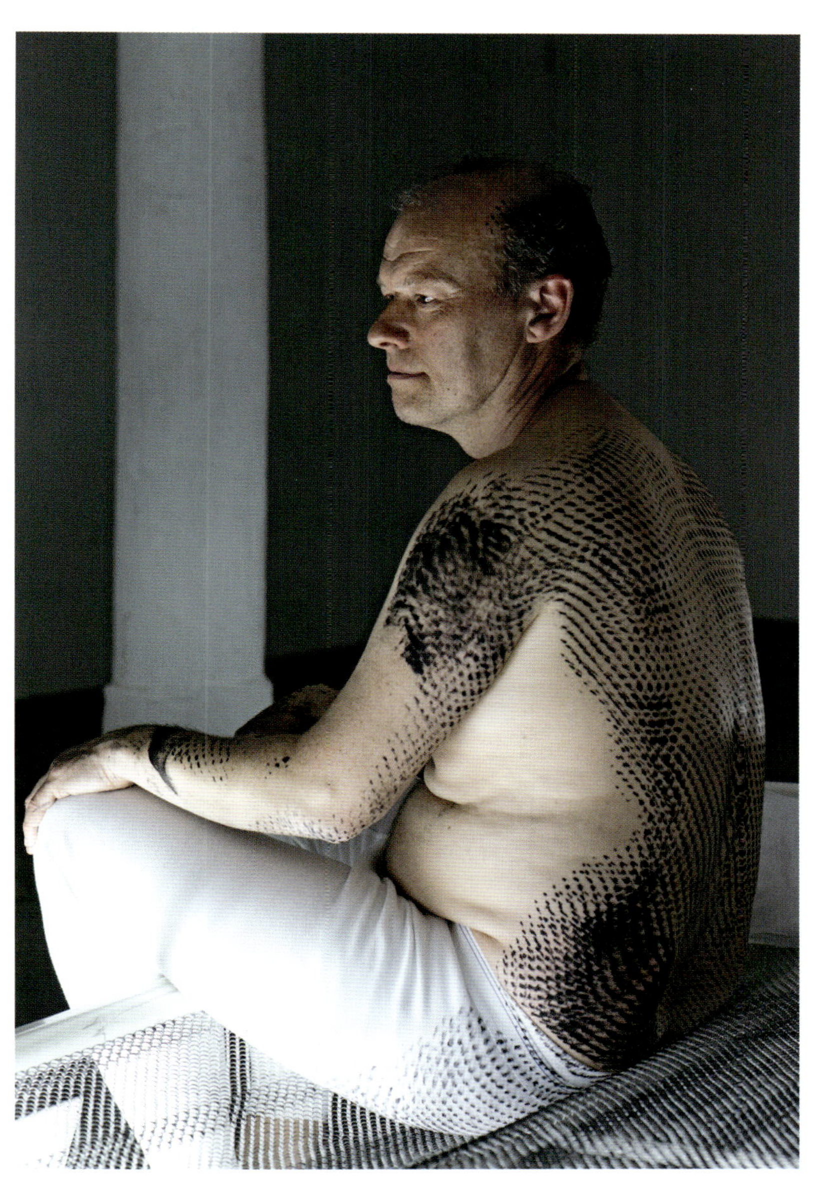

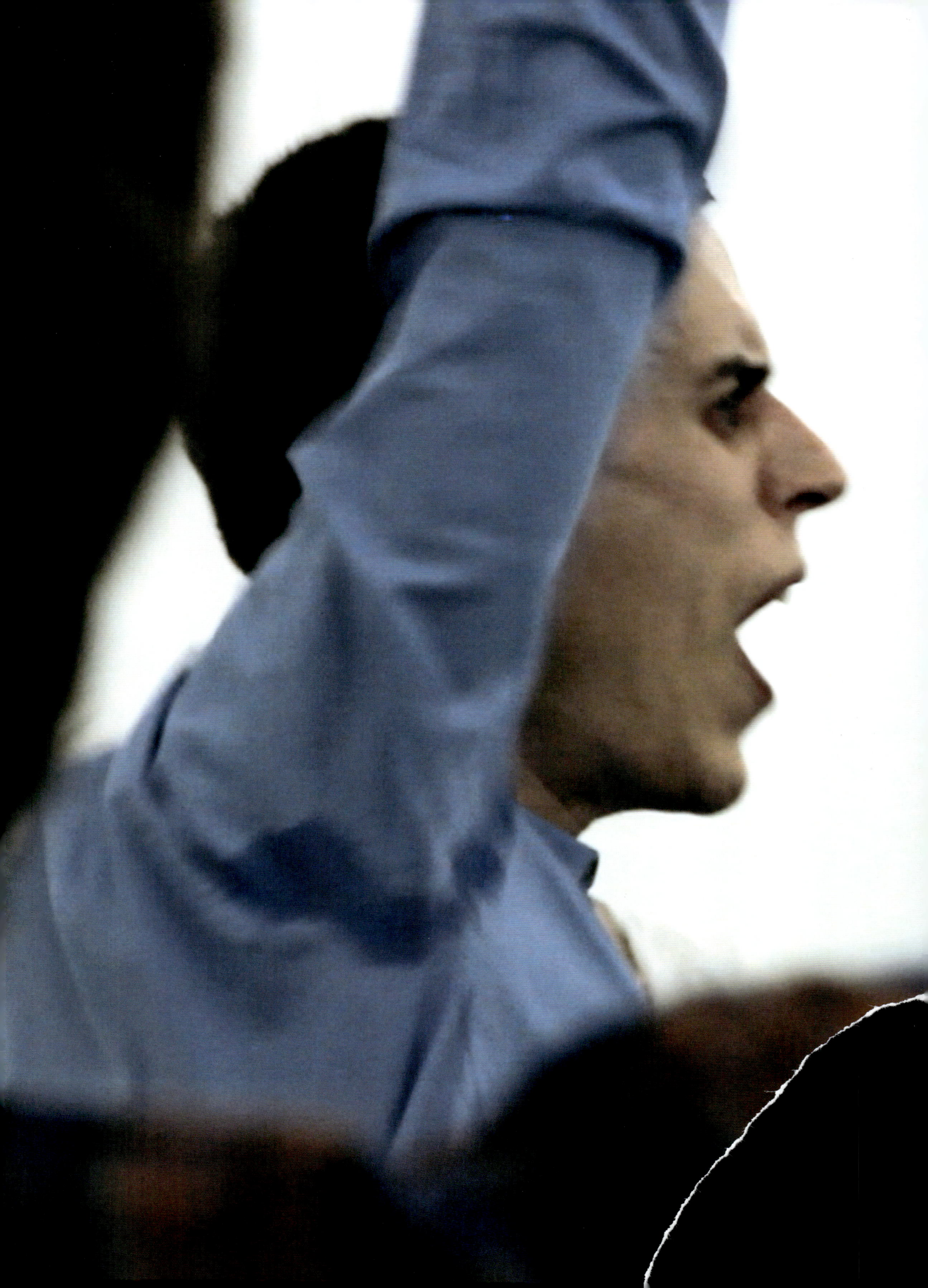

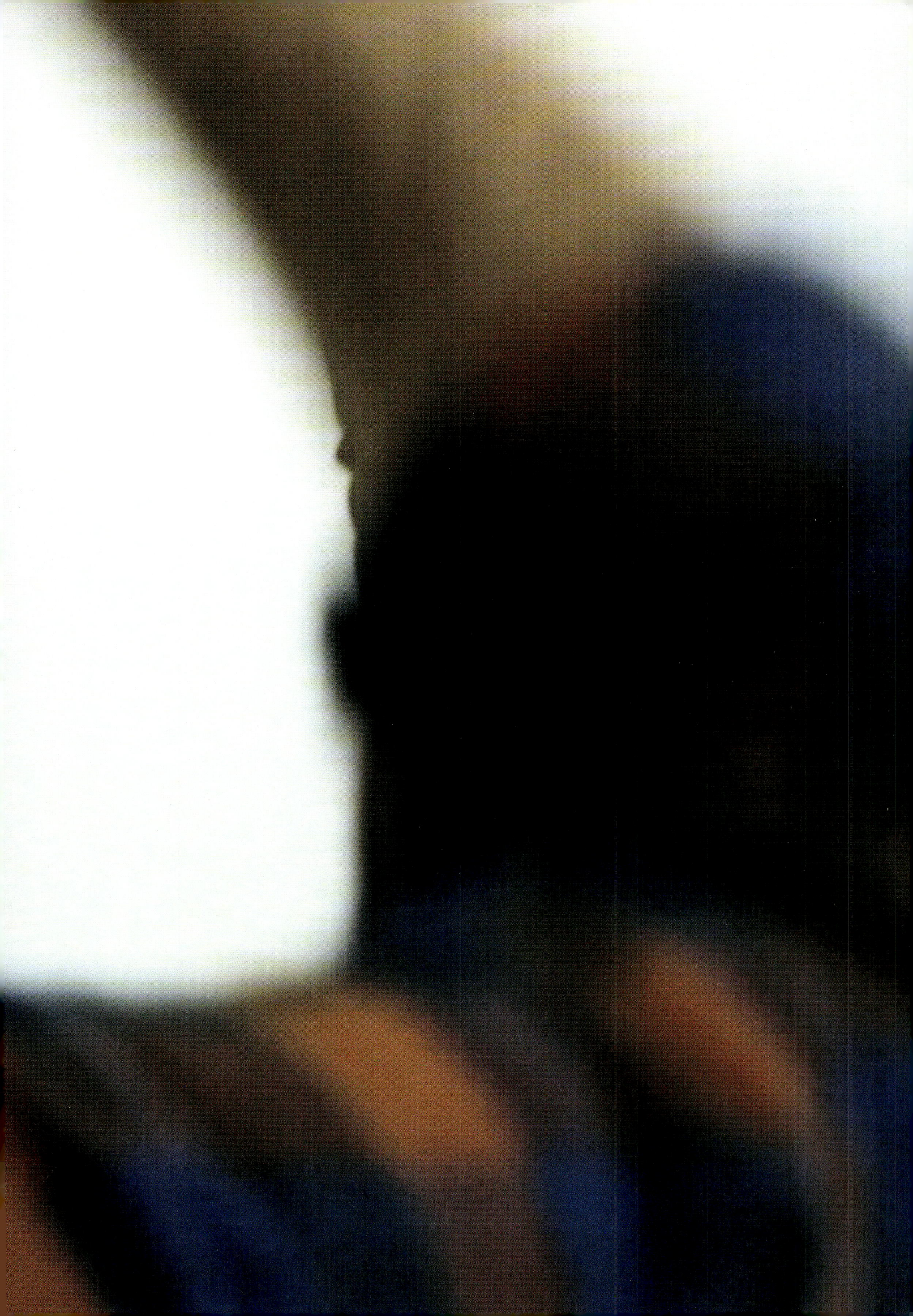

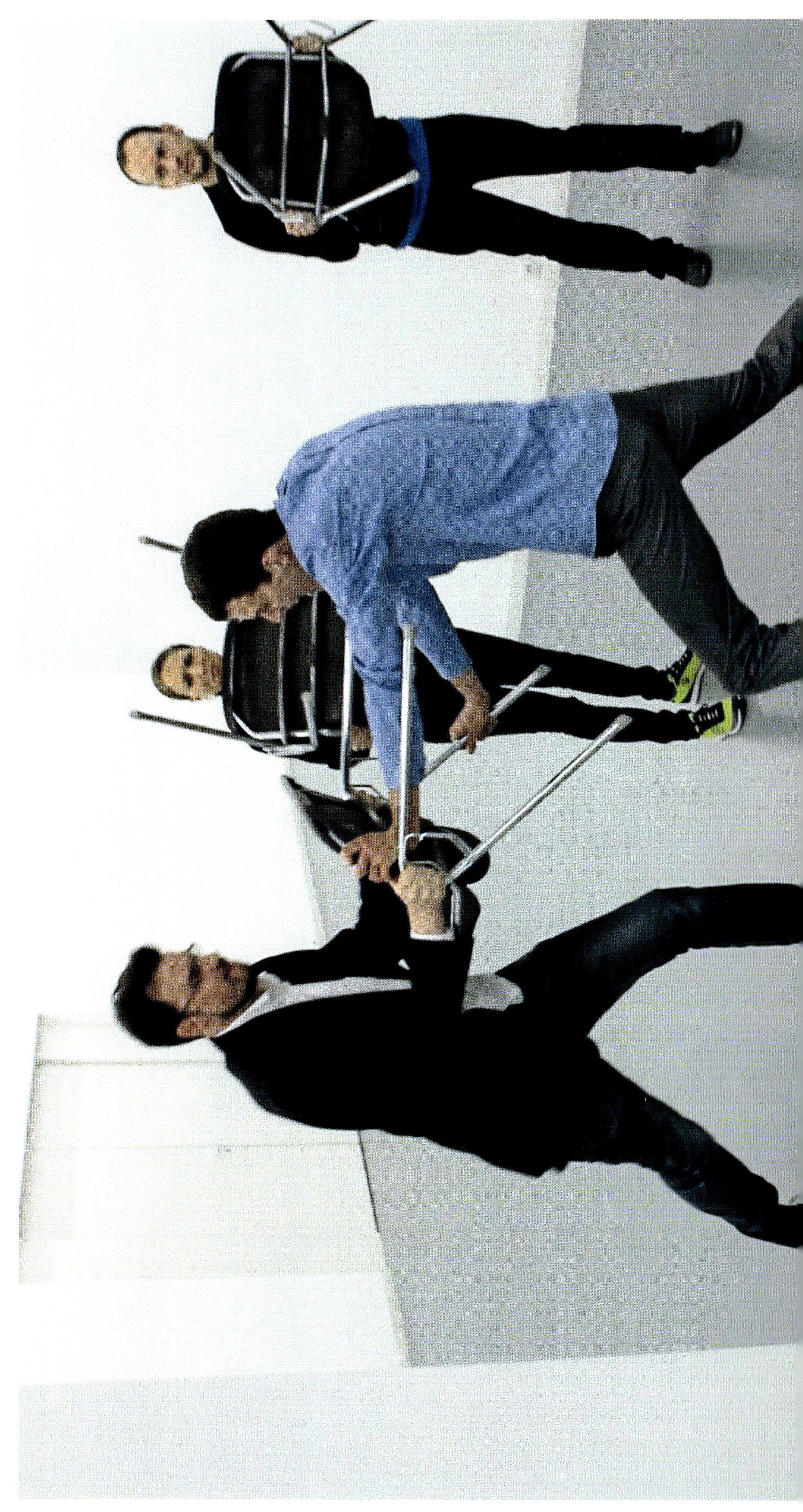

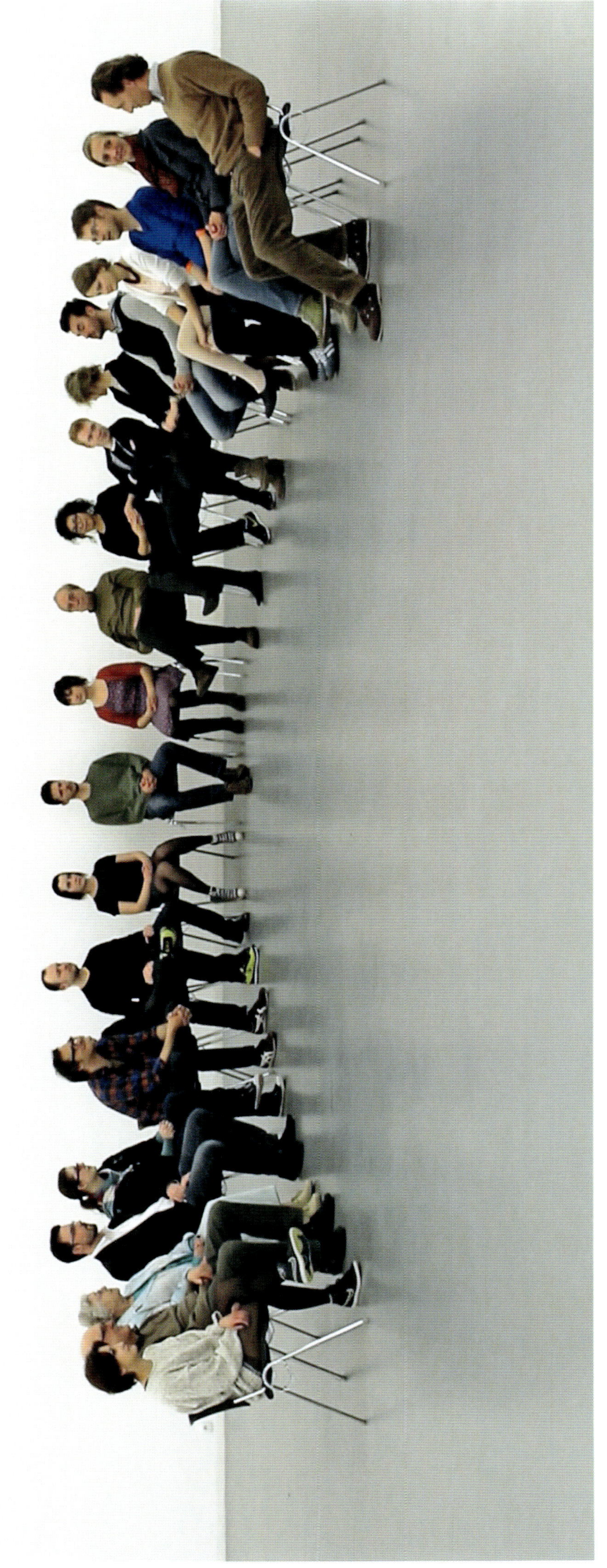

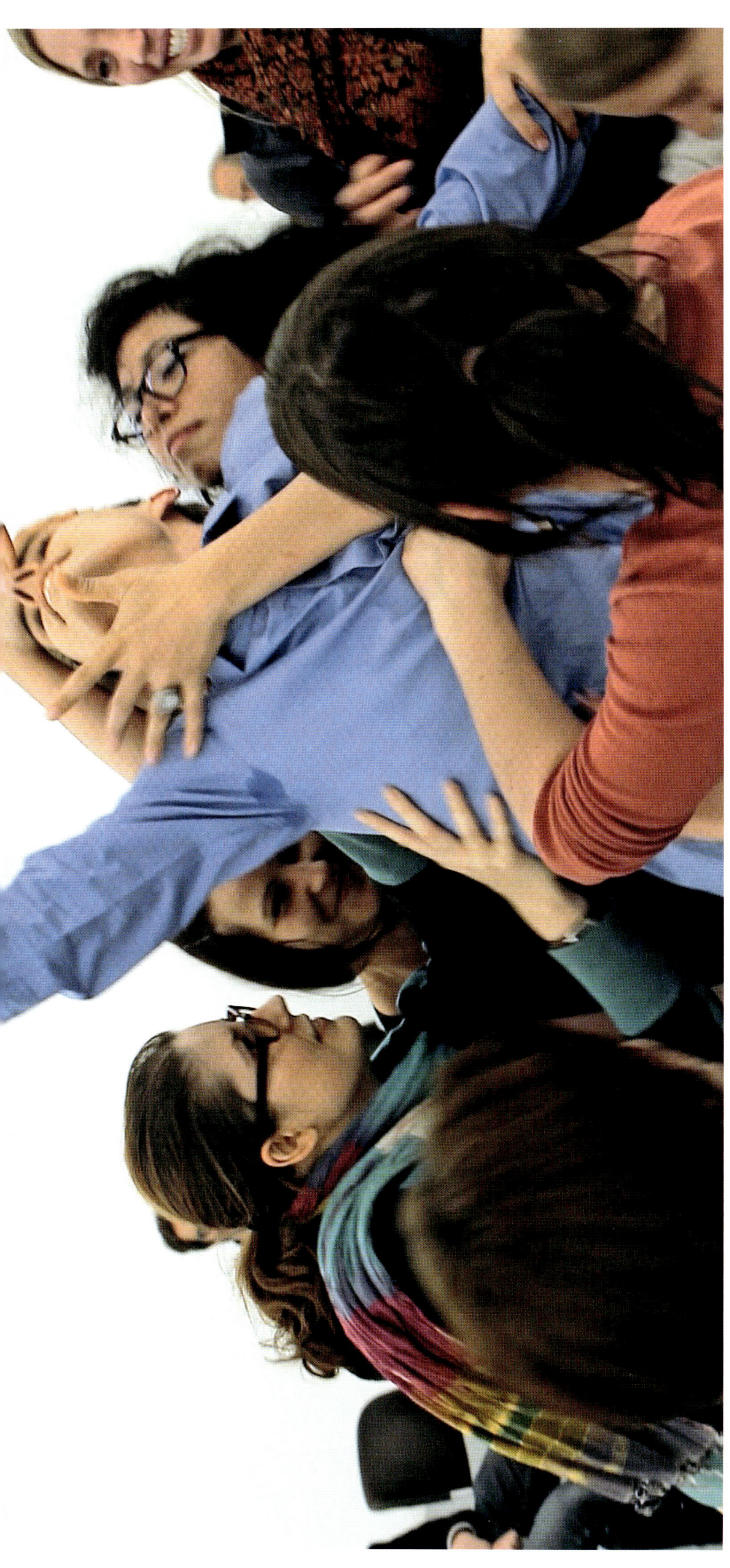

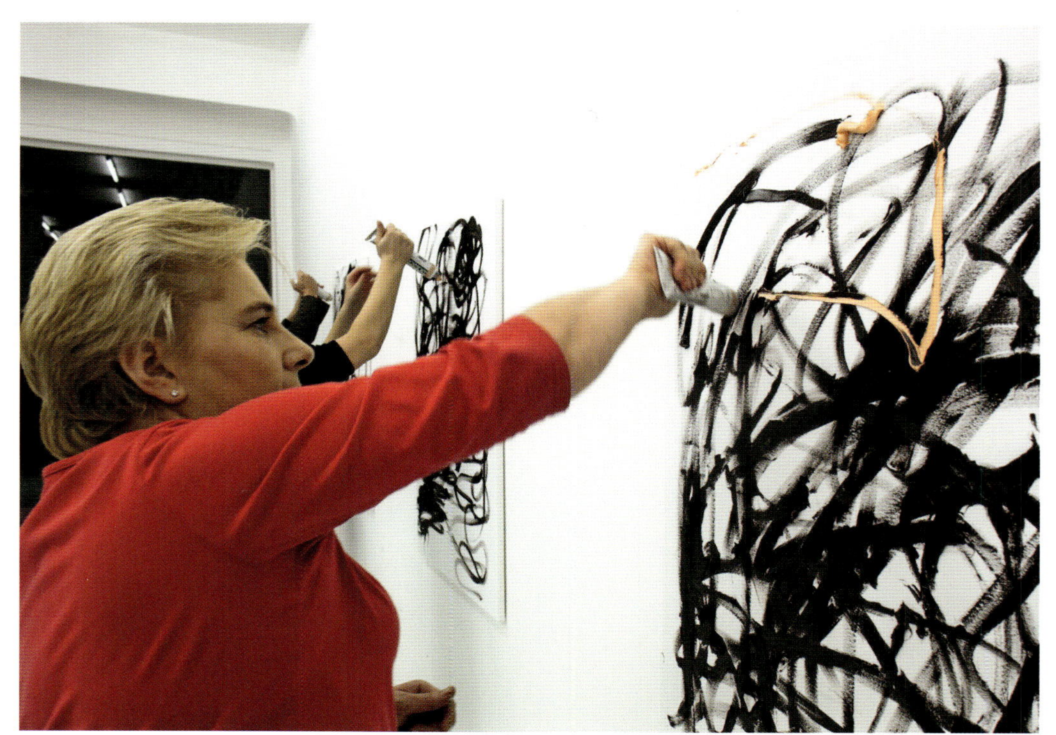

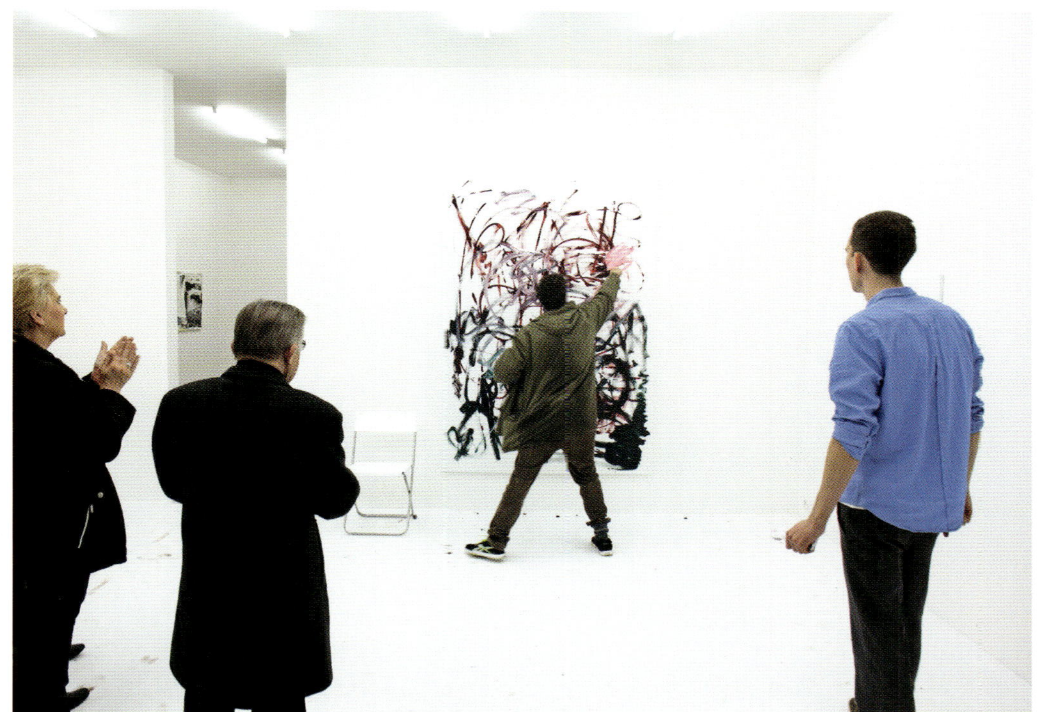

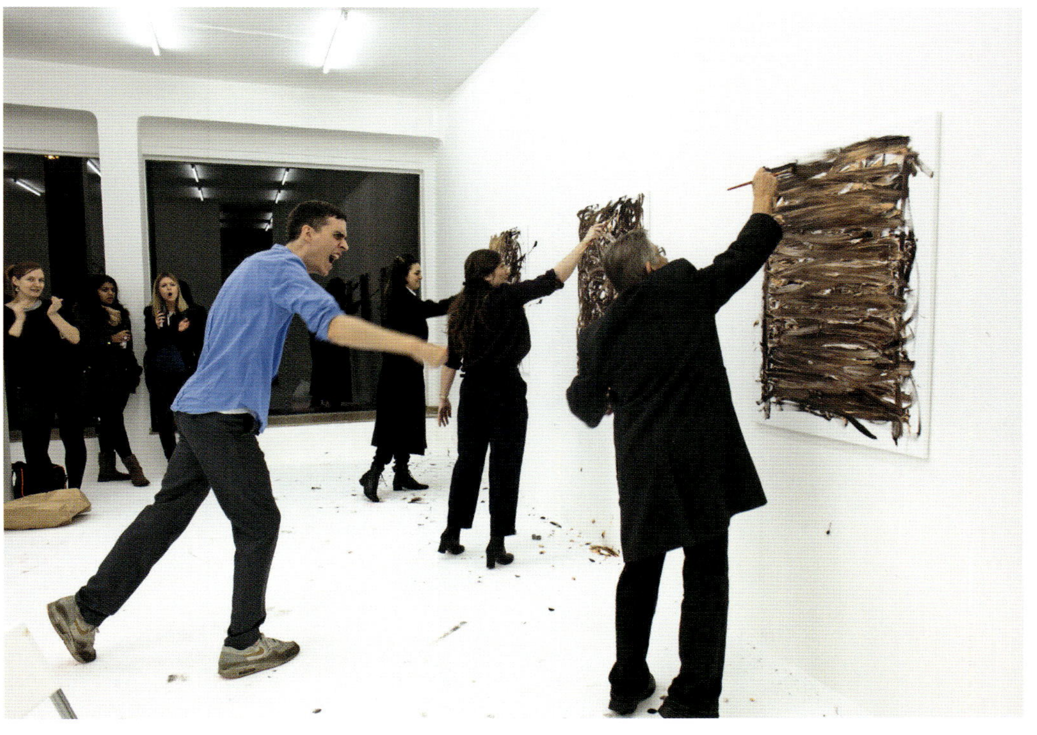

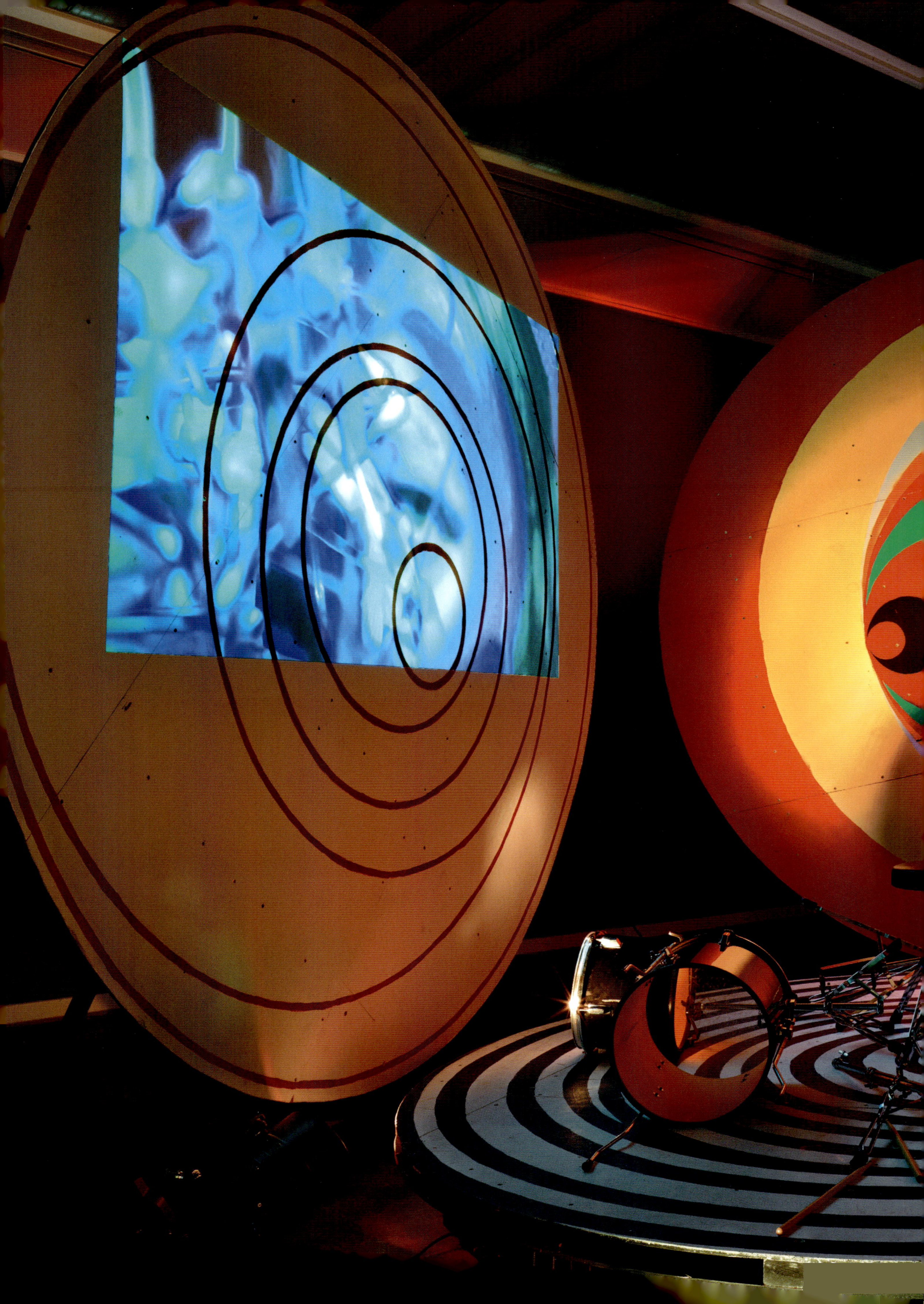

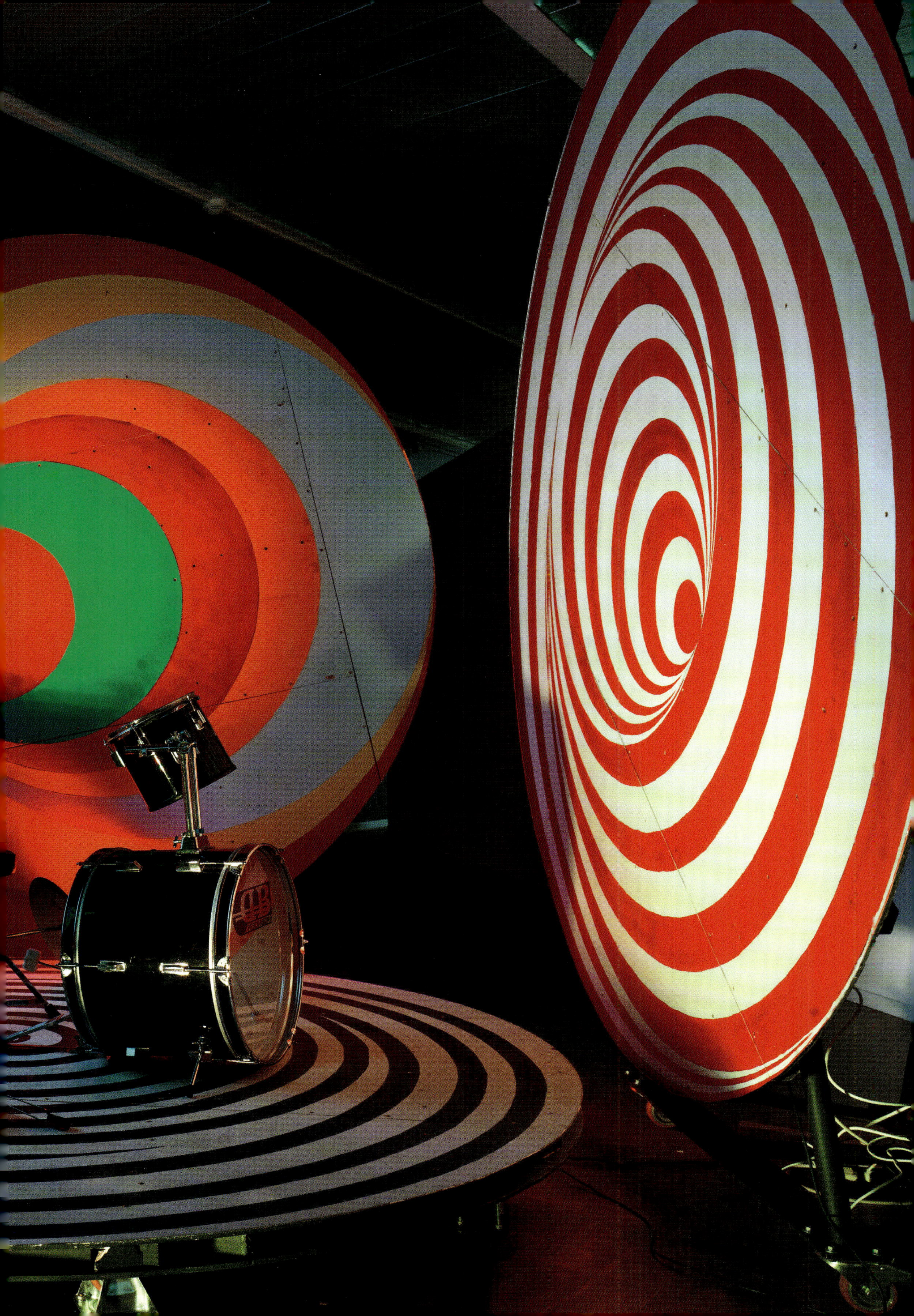

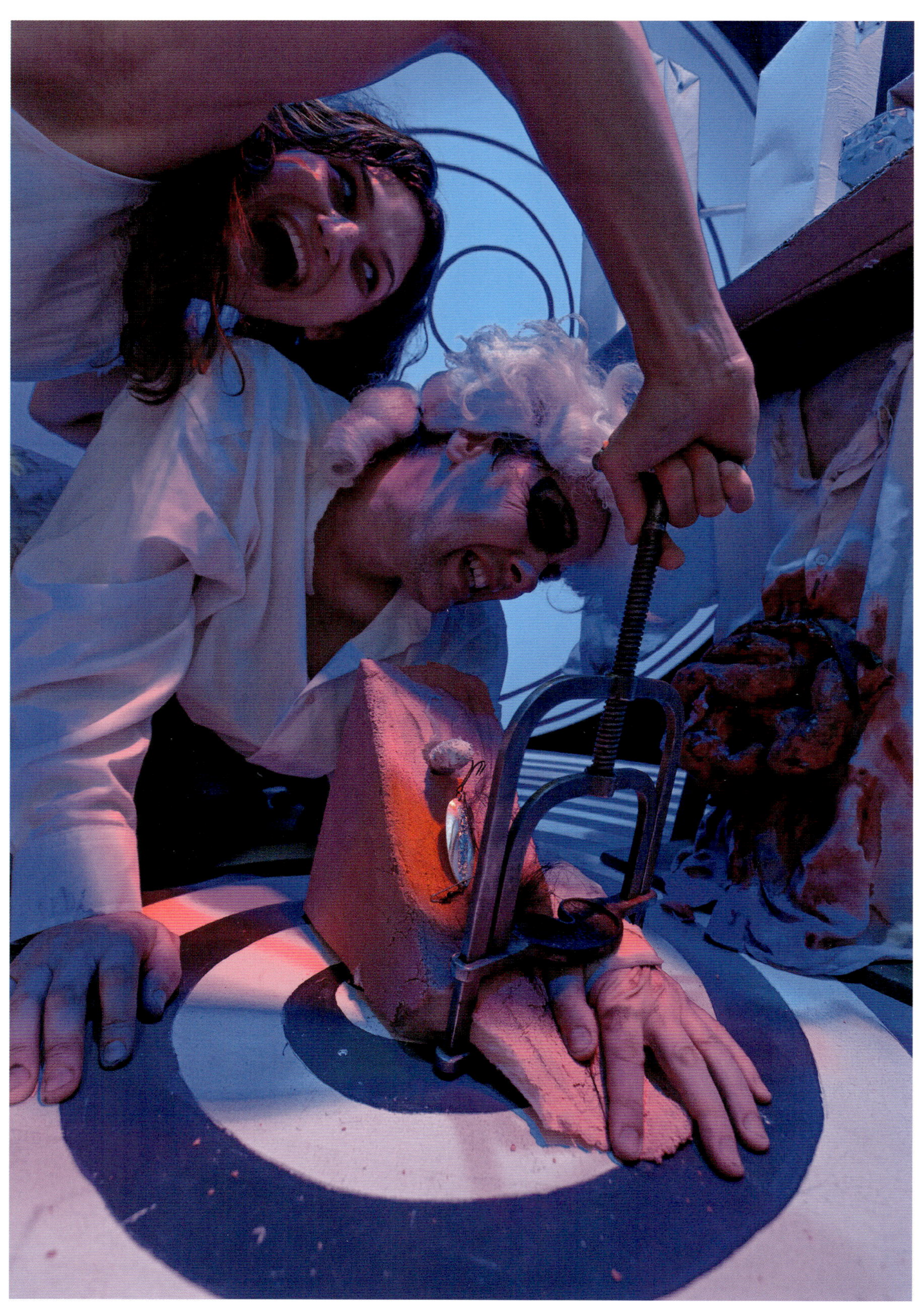

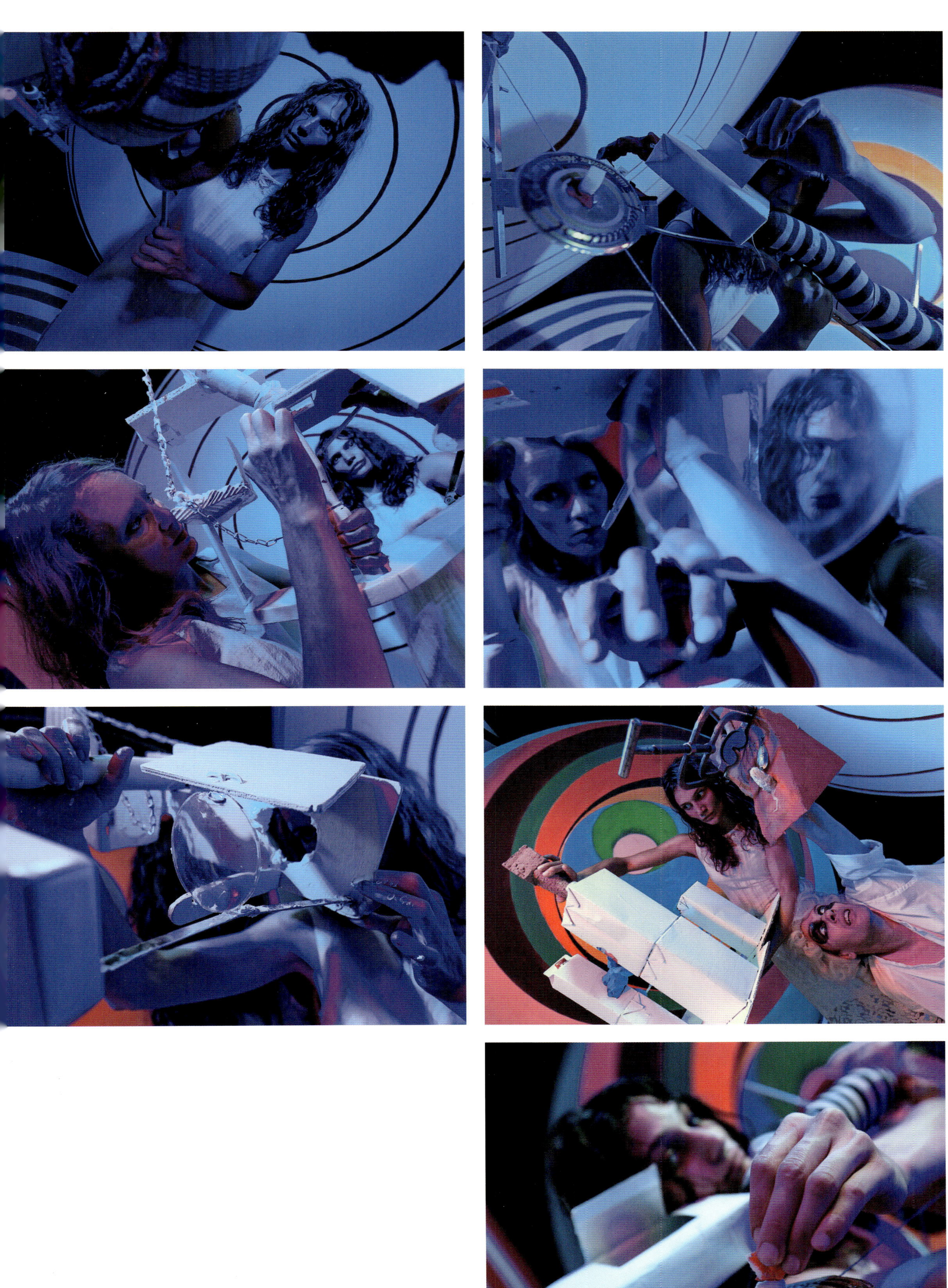

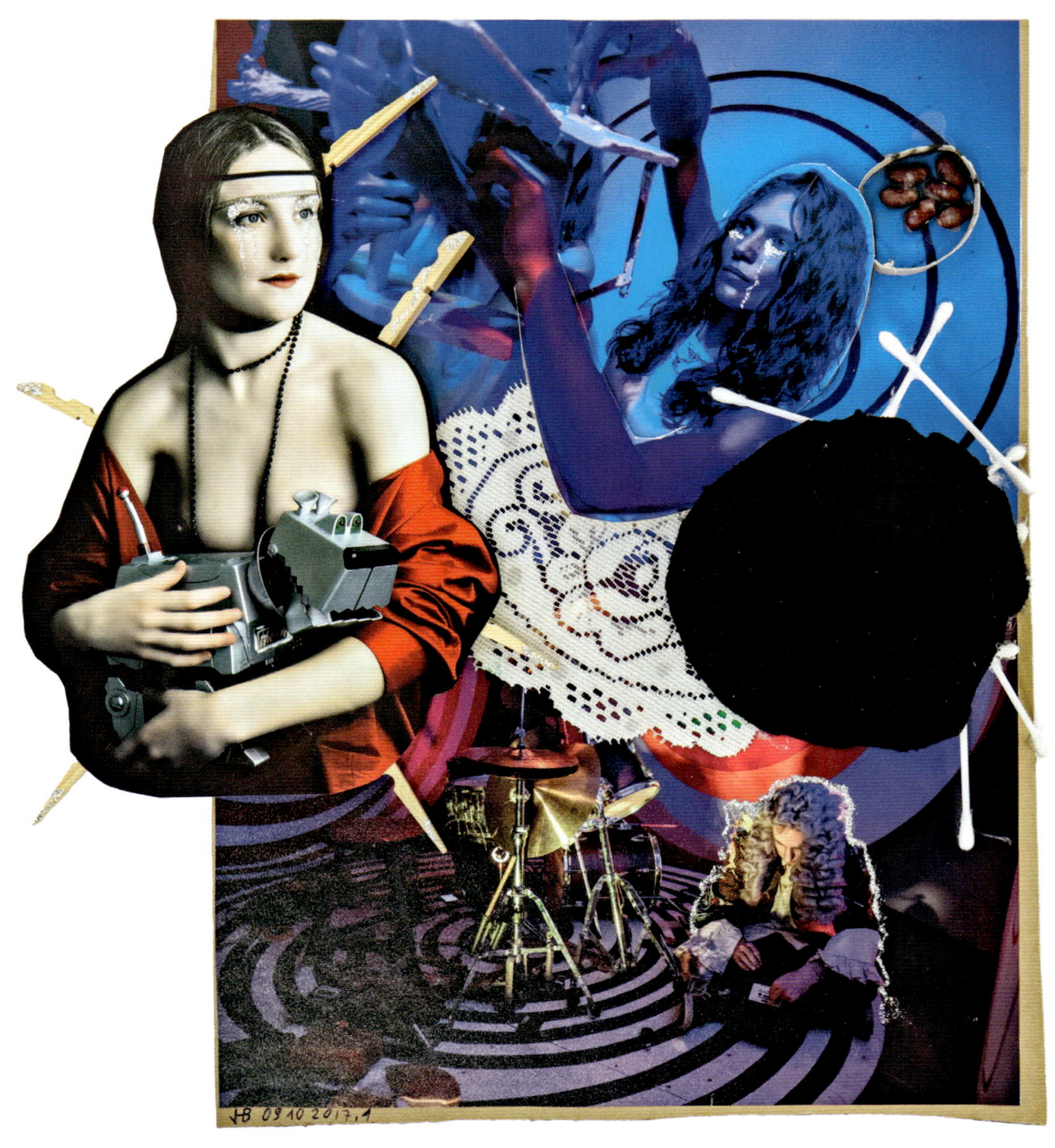
HB 09 10 2017.1

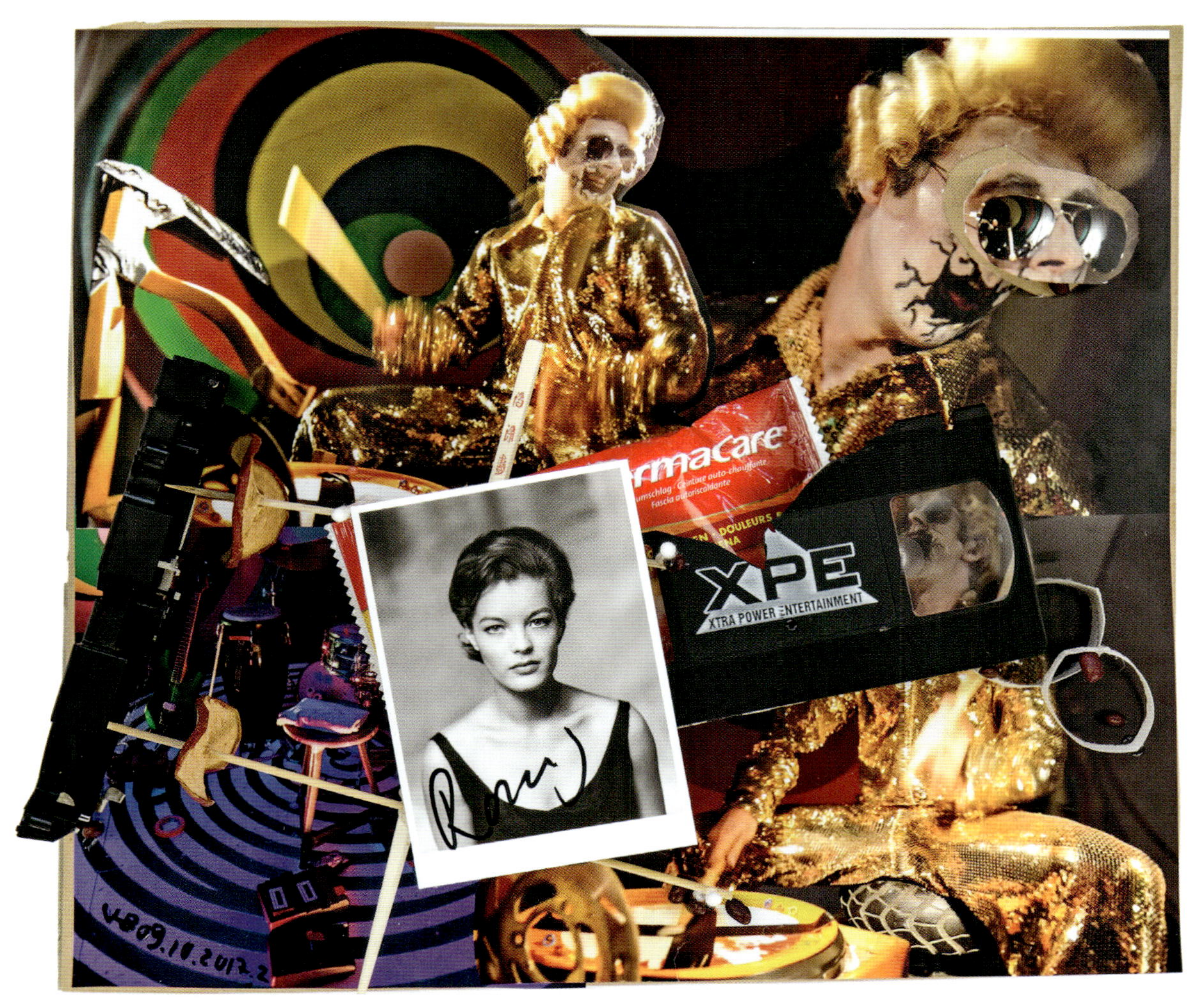
rmaCare
XPE
XTRA POWER ENTERTAINMENT
WB09.11.2017.2

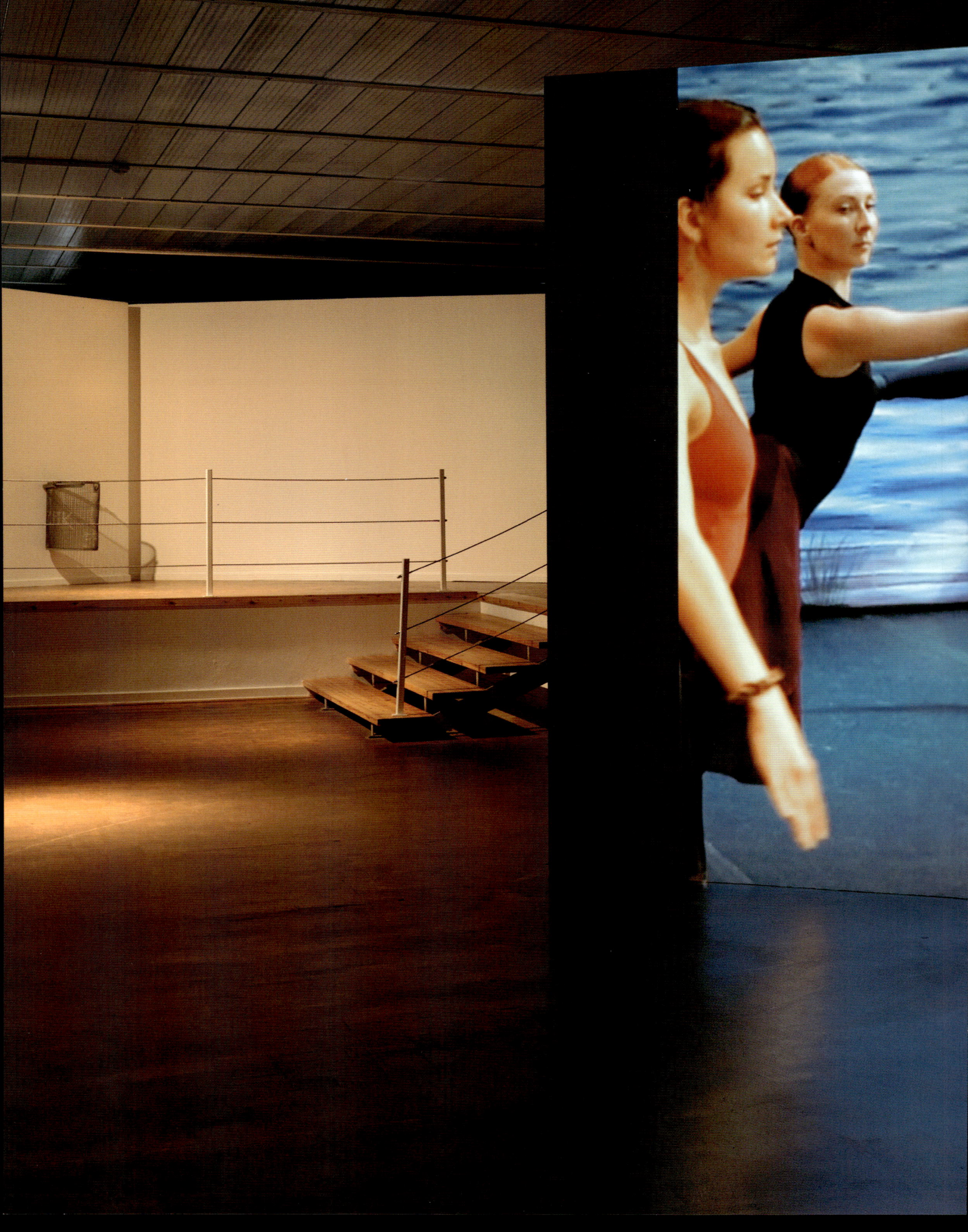

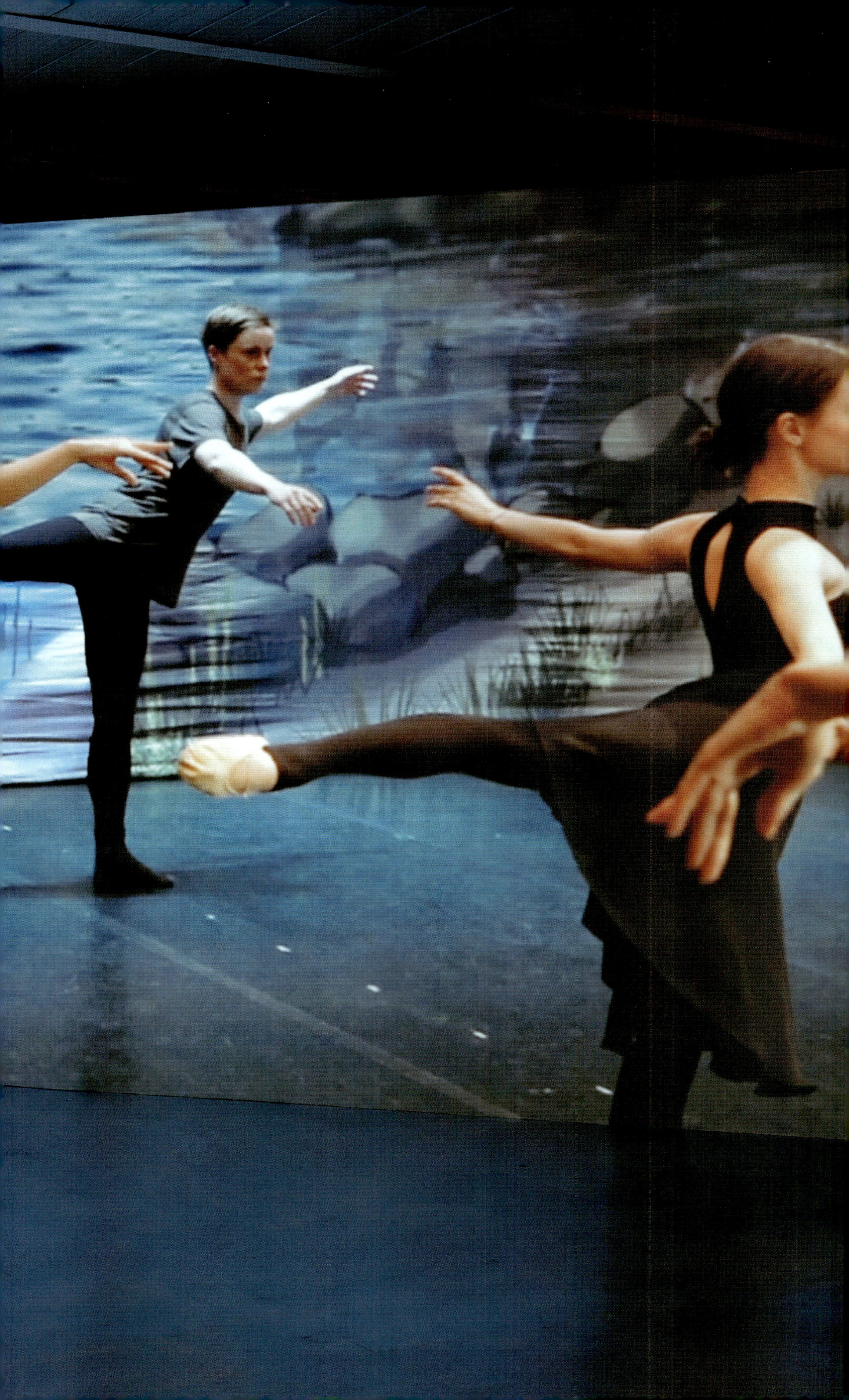

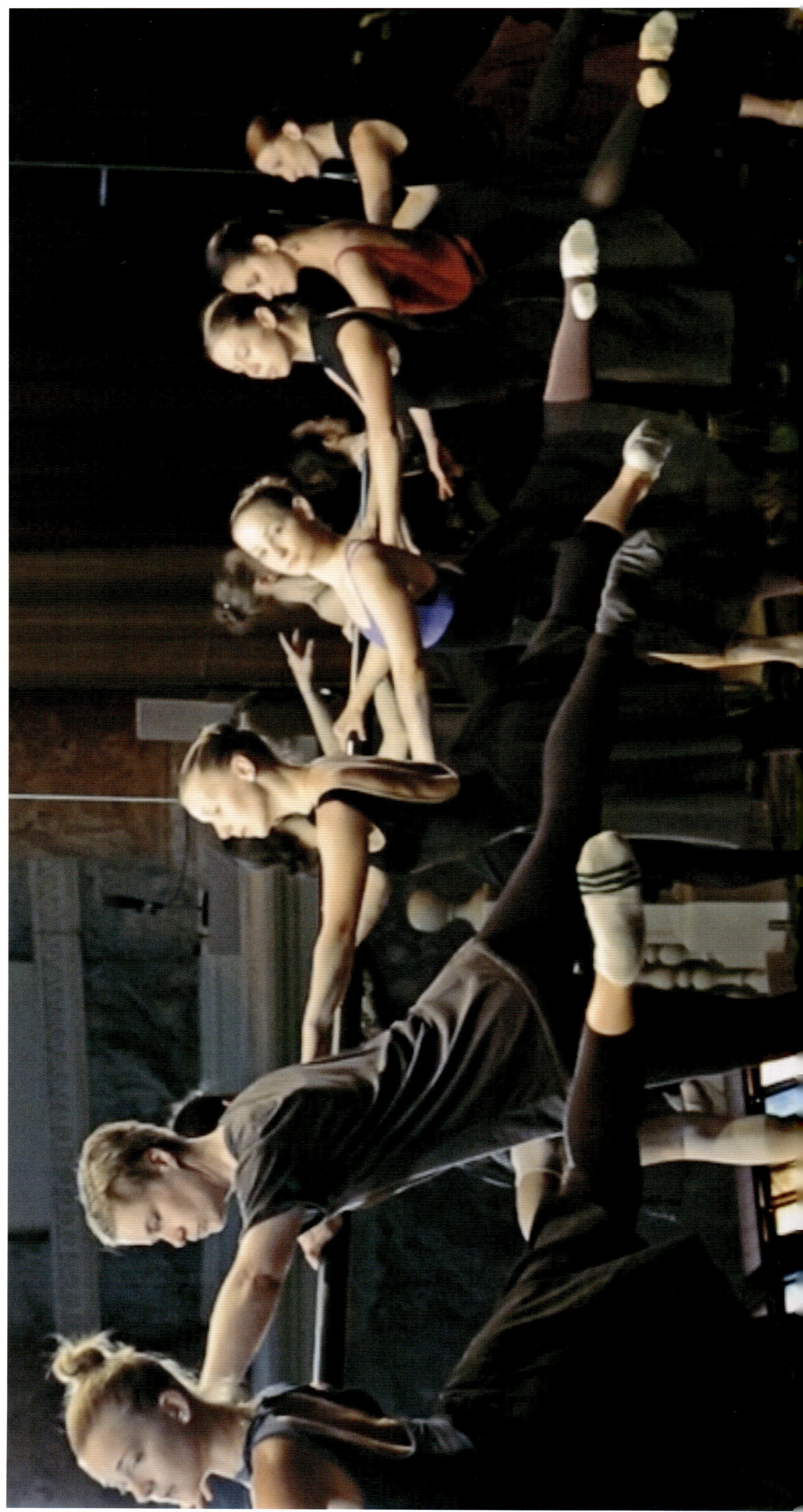

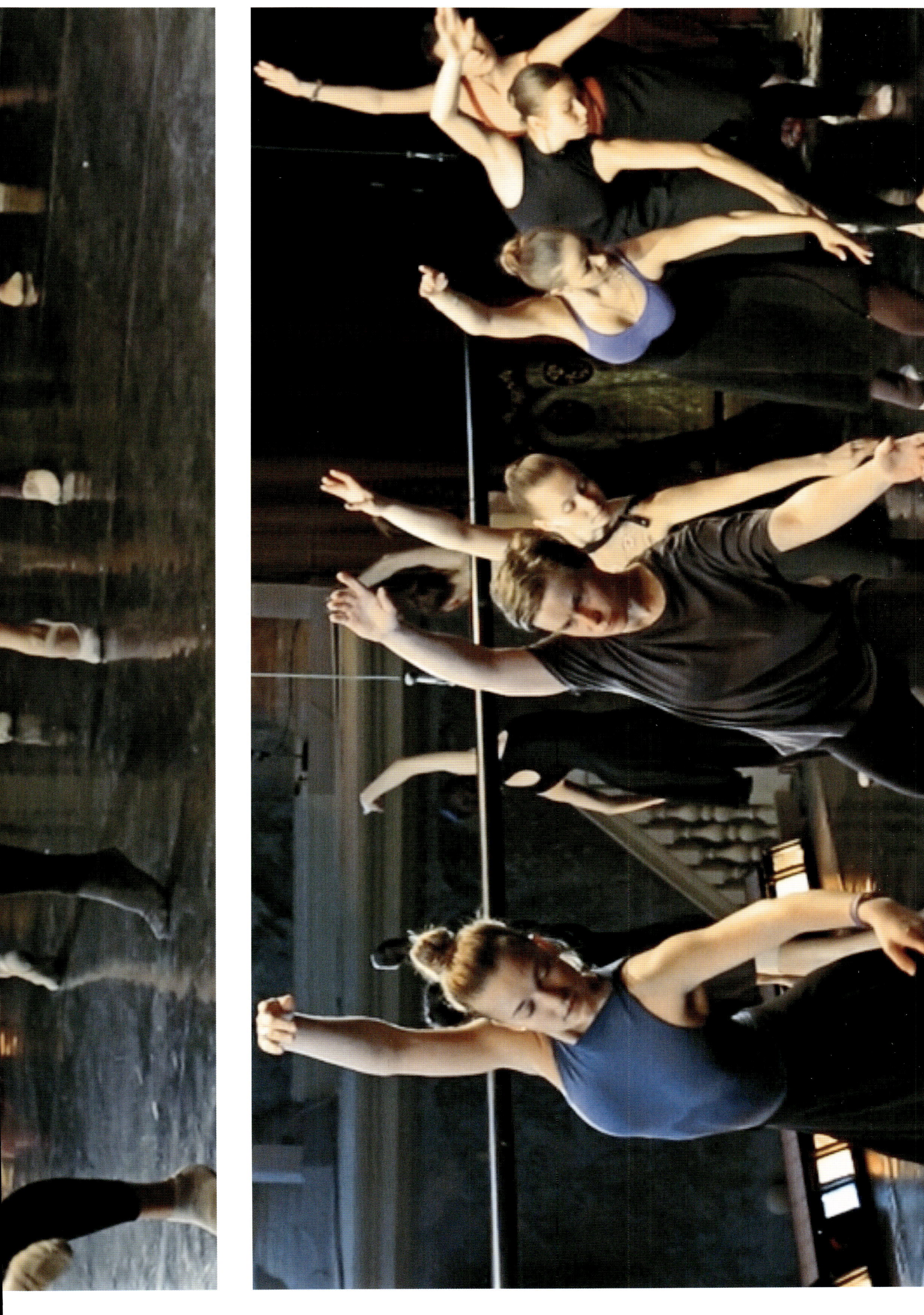

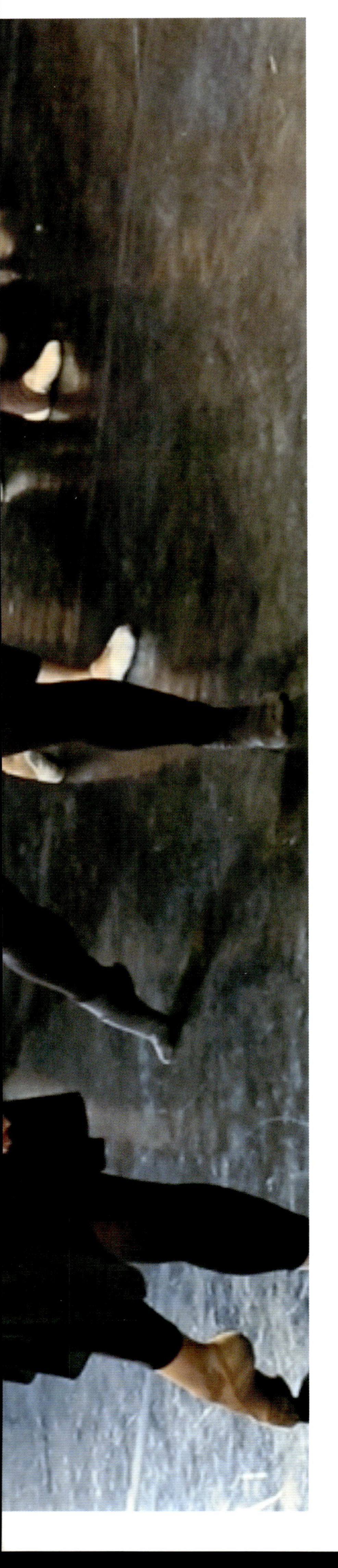

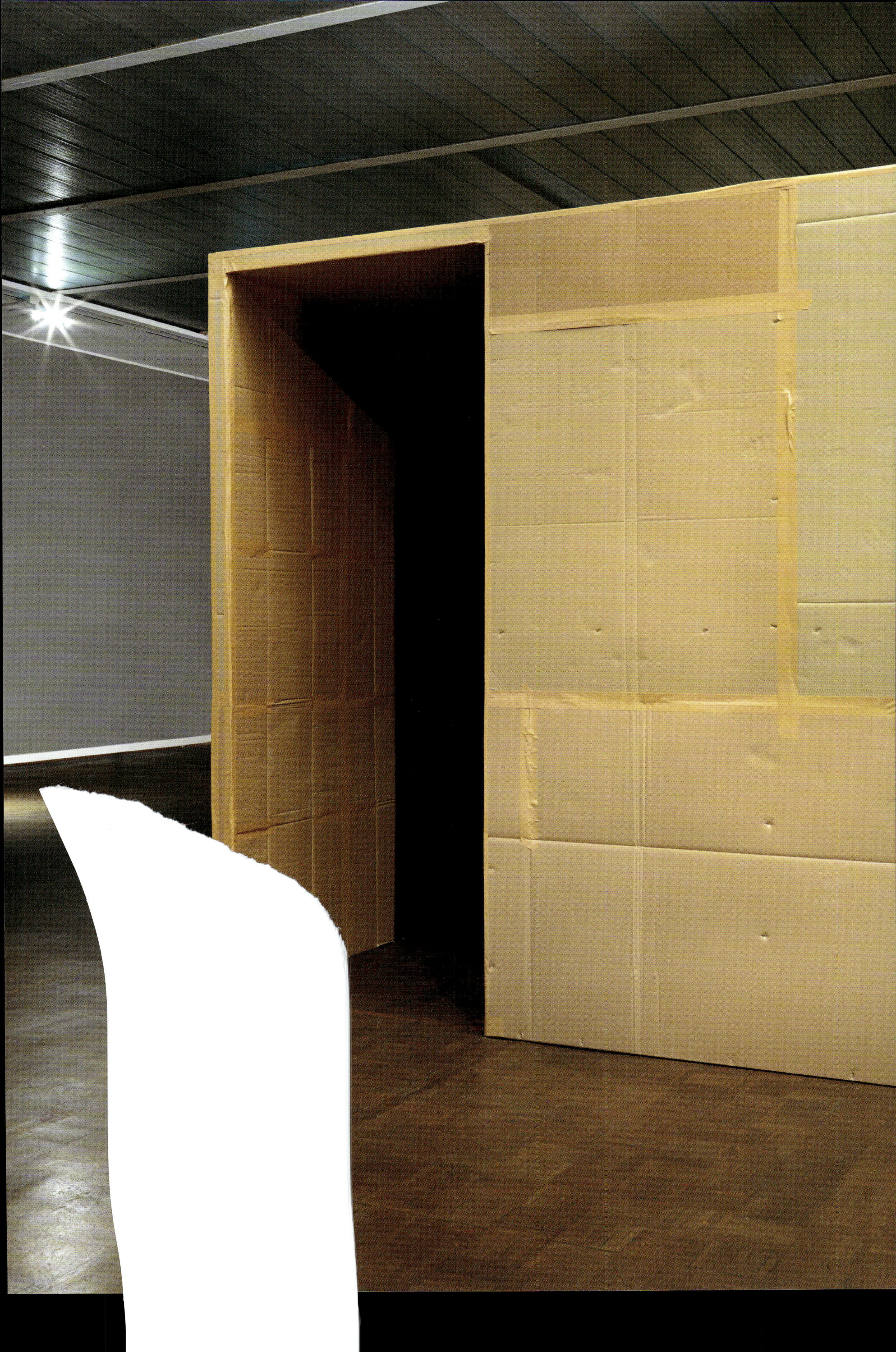

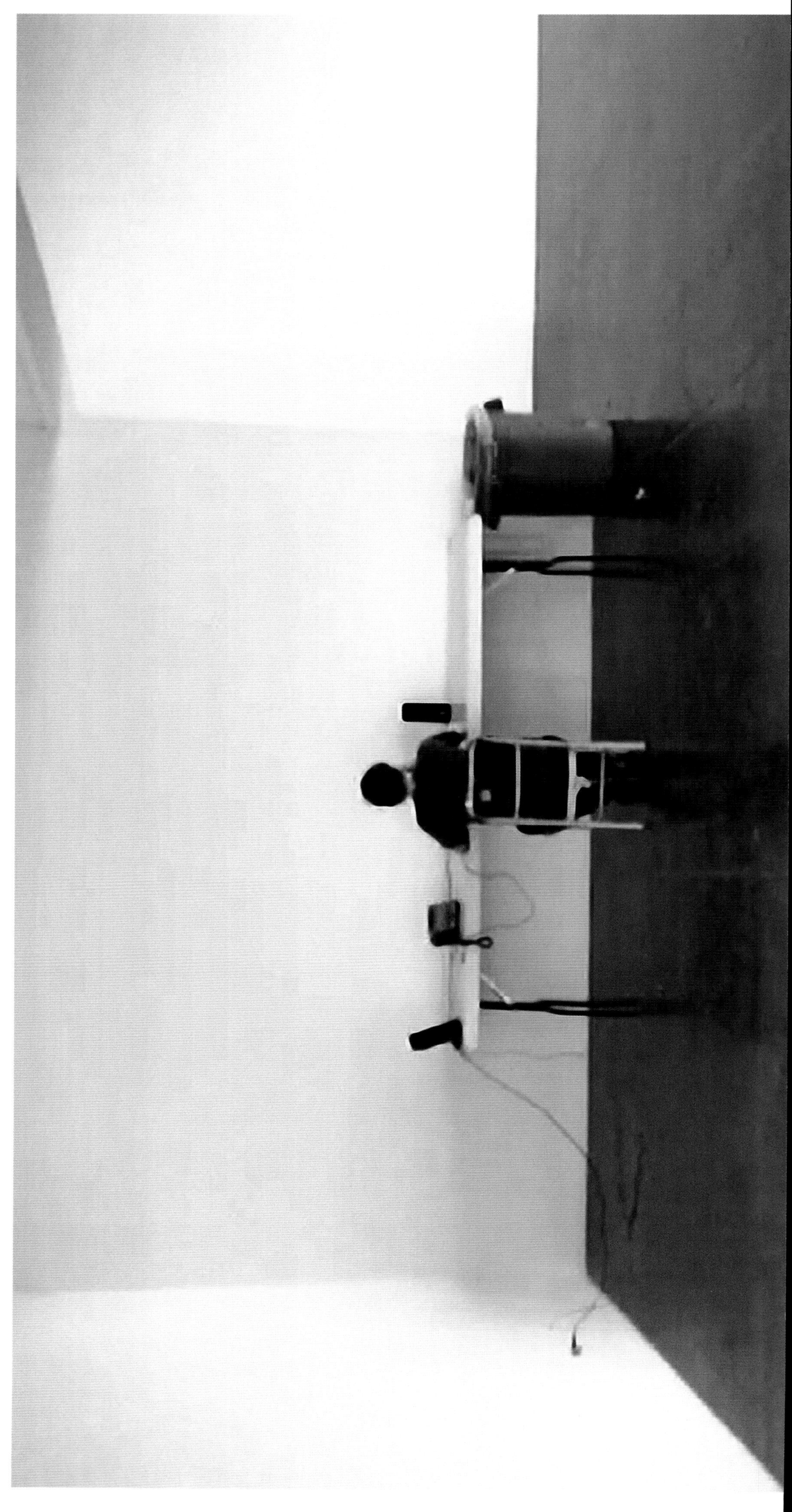

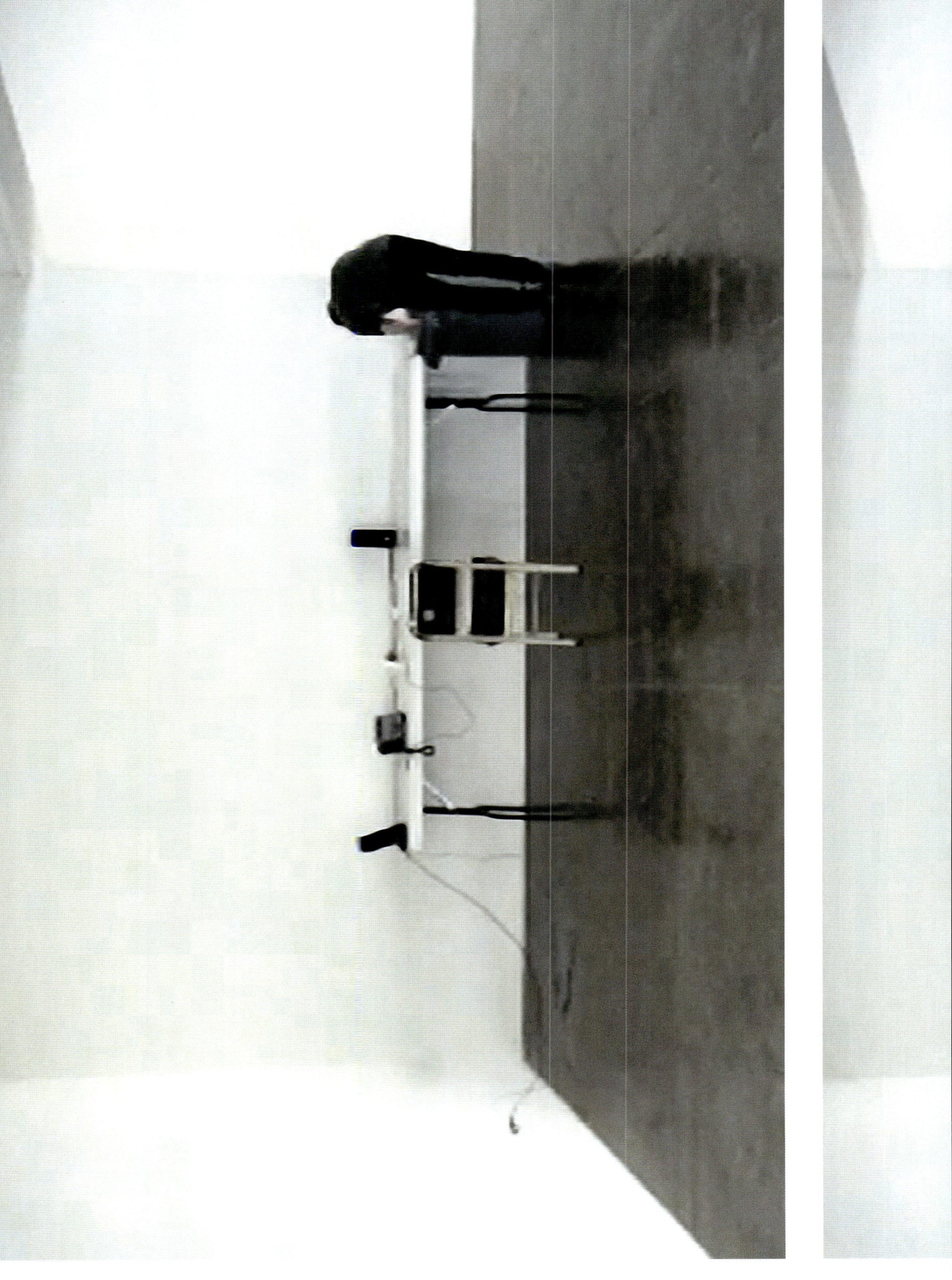

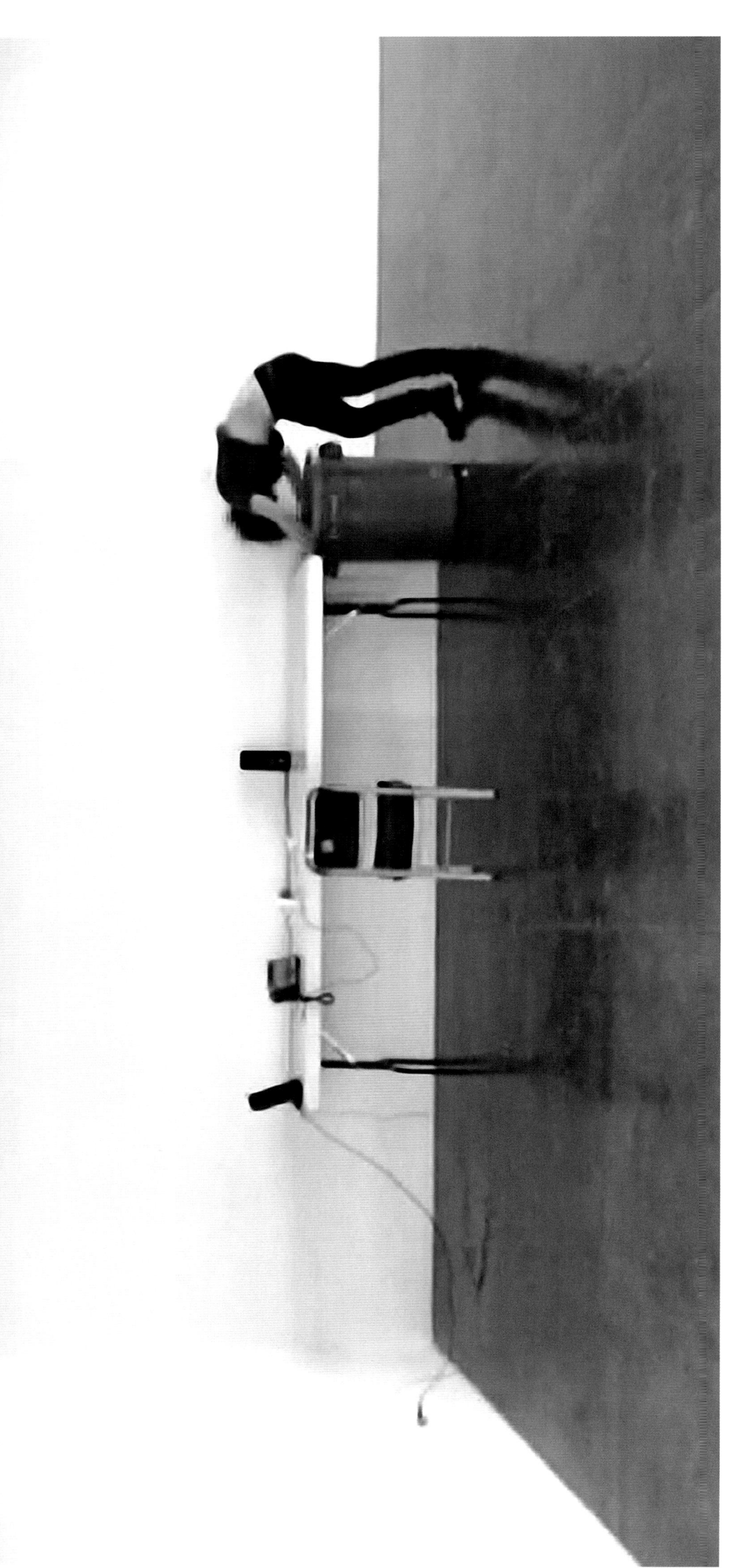

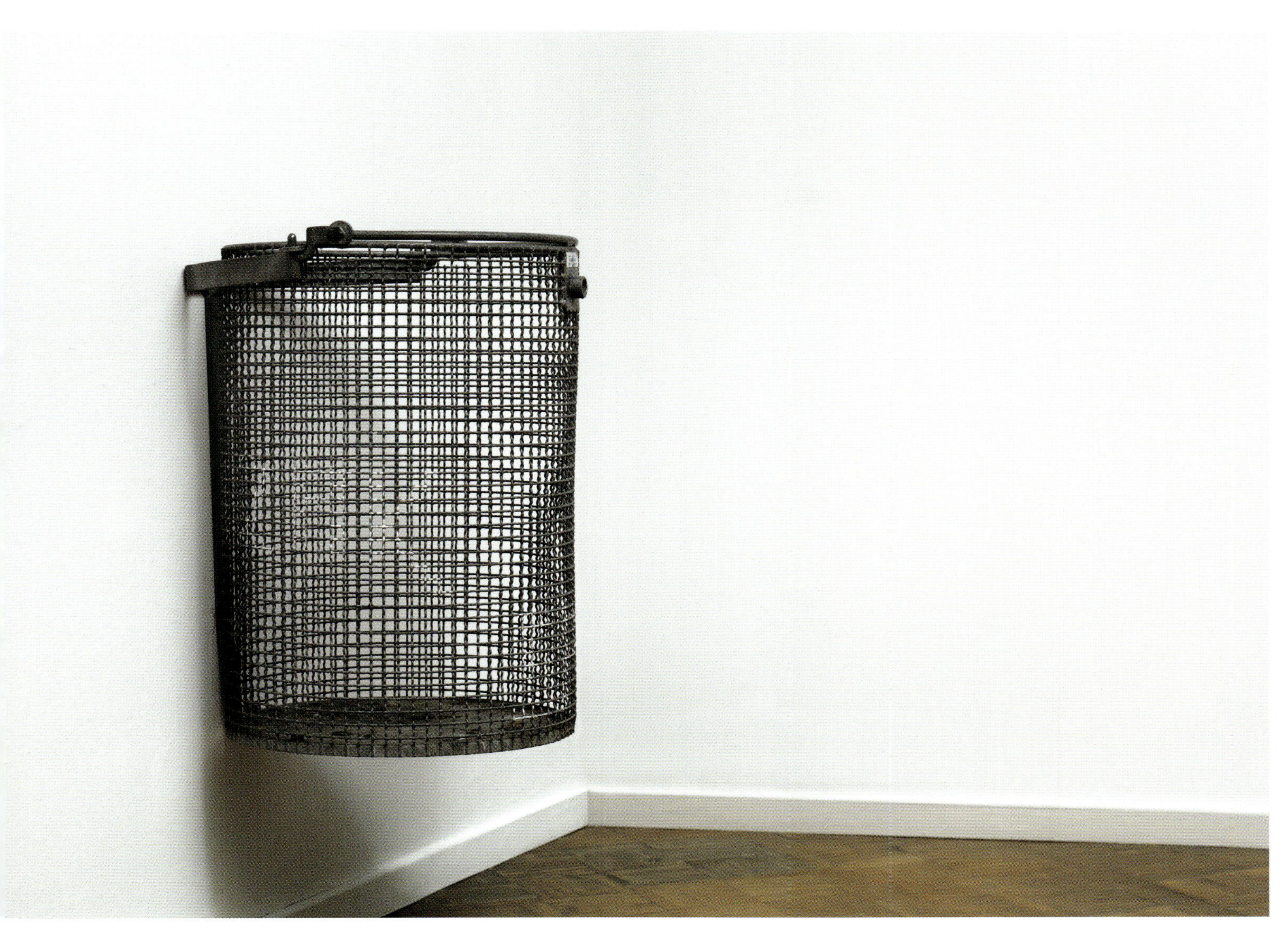

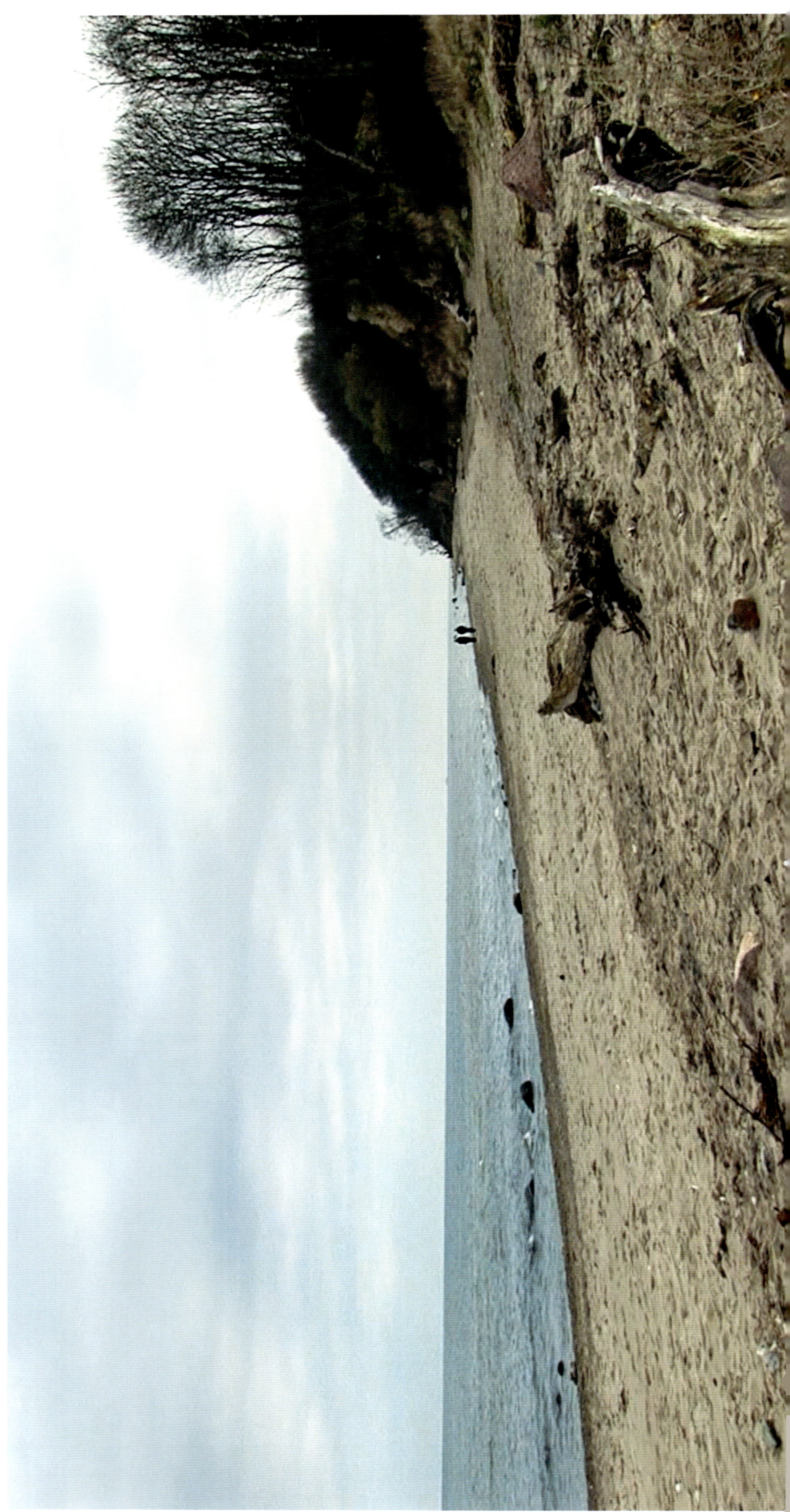

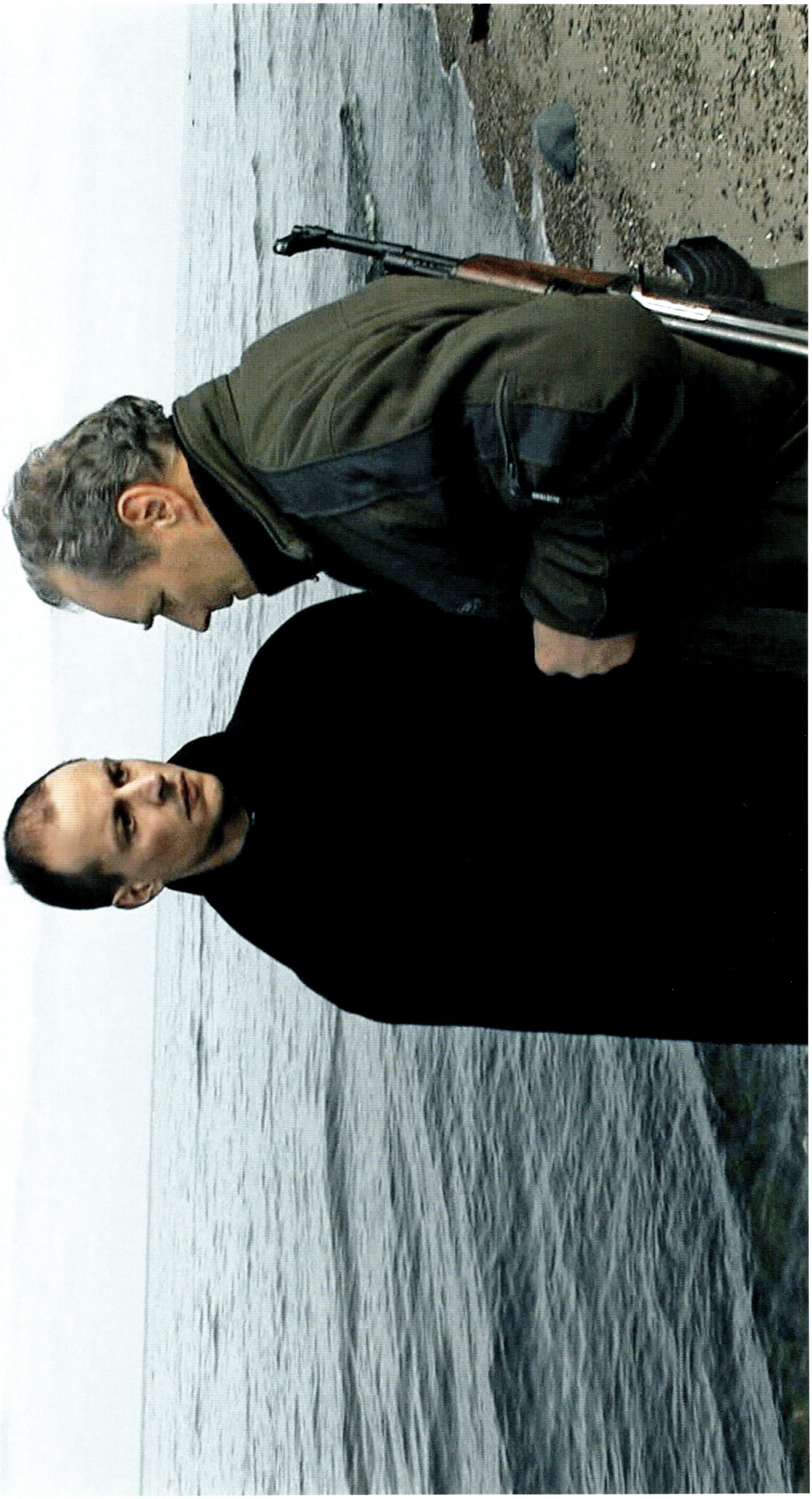

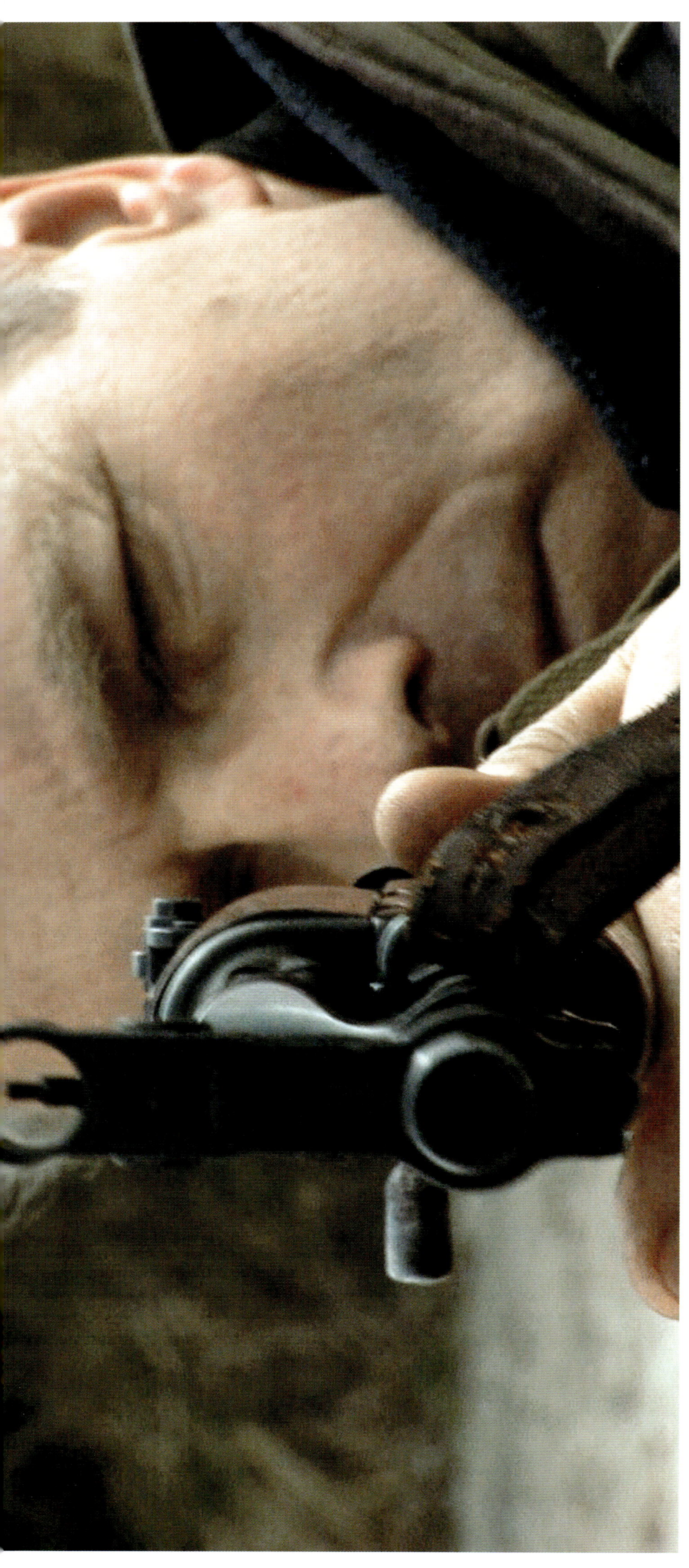

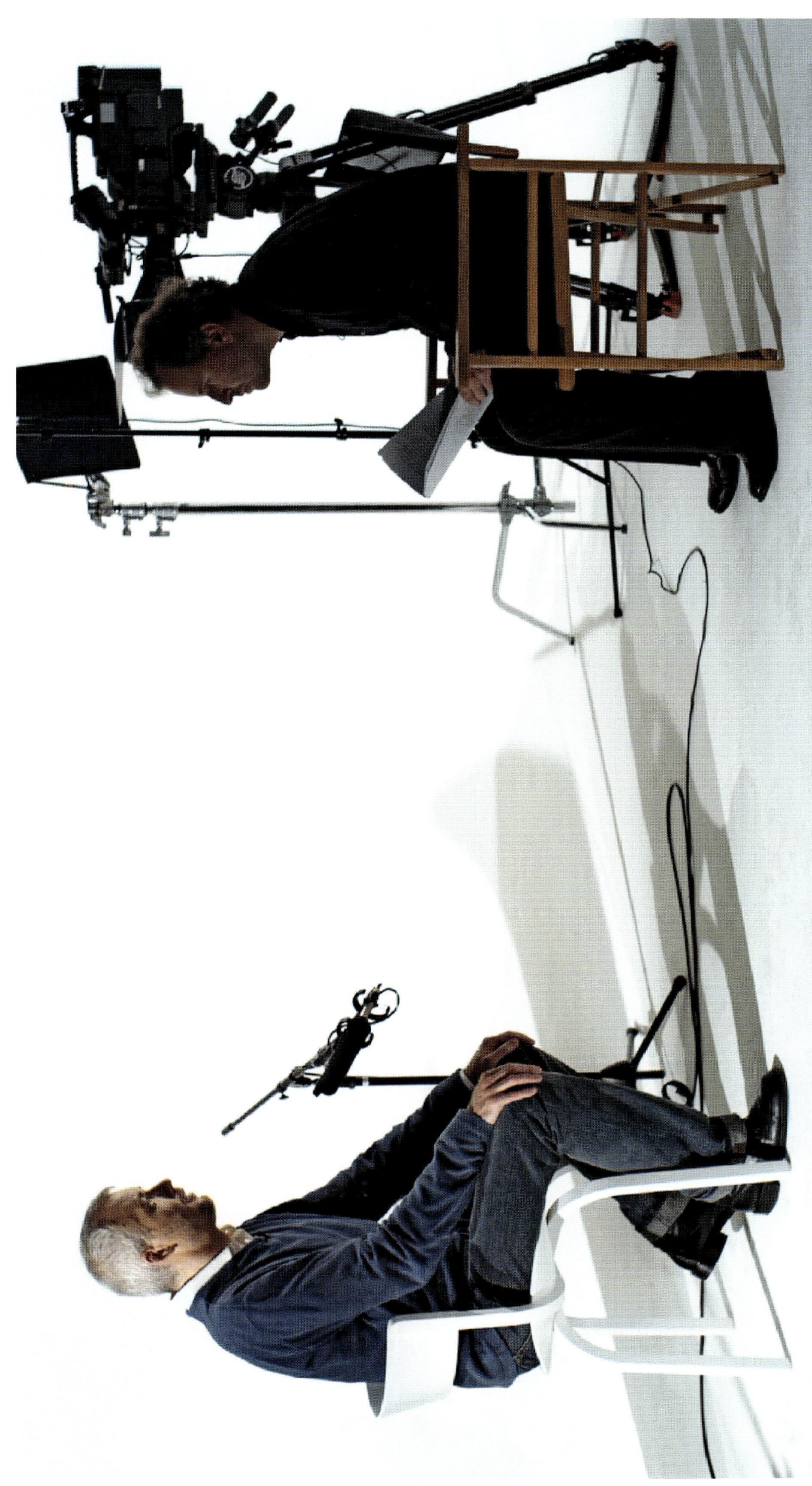

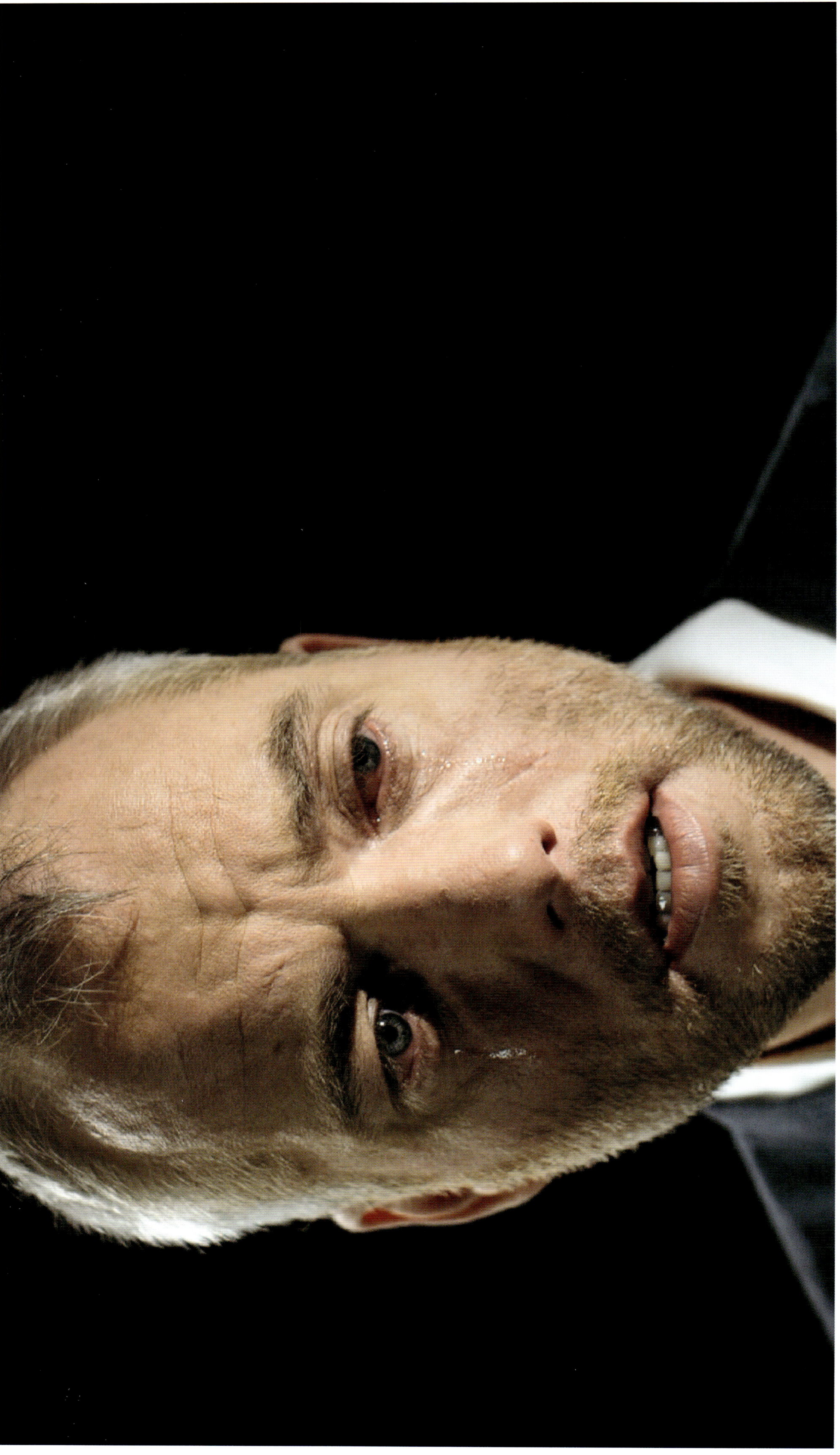

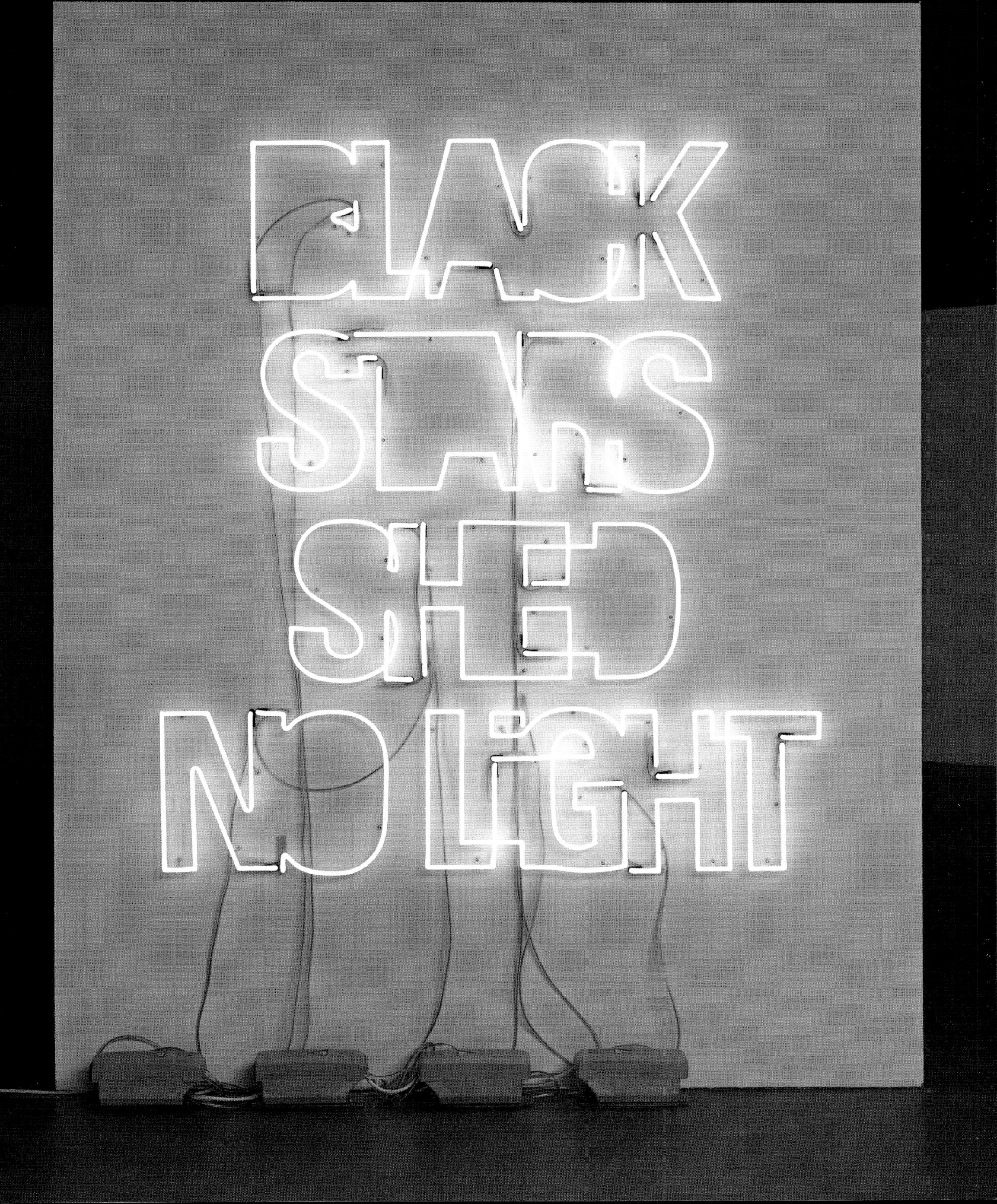

BLACK
STARS
SHED
NO LIGHT

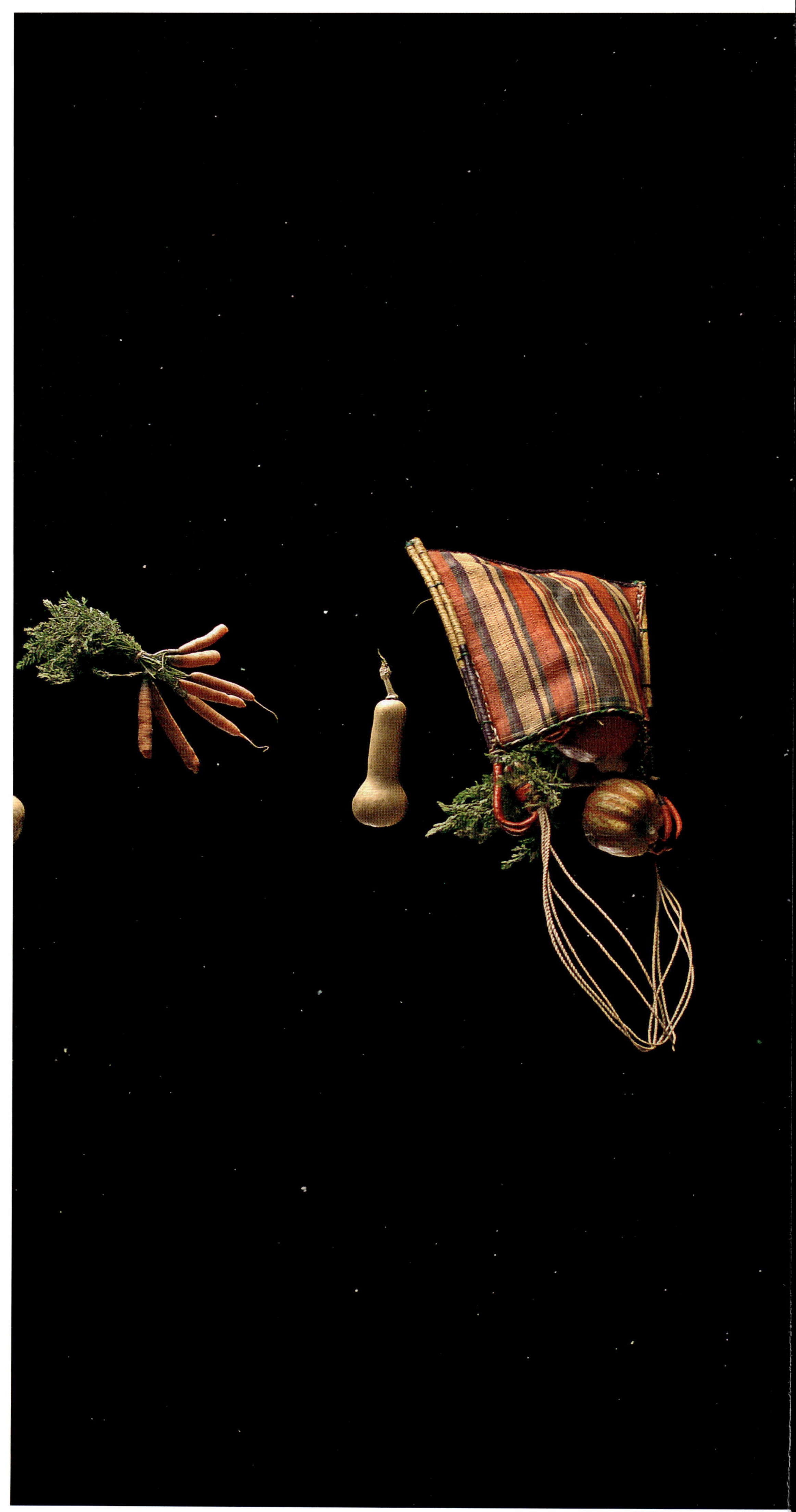

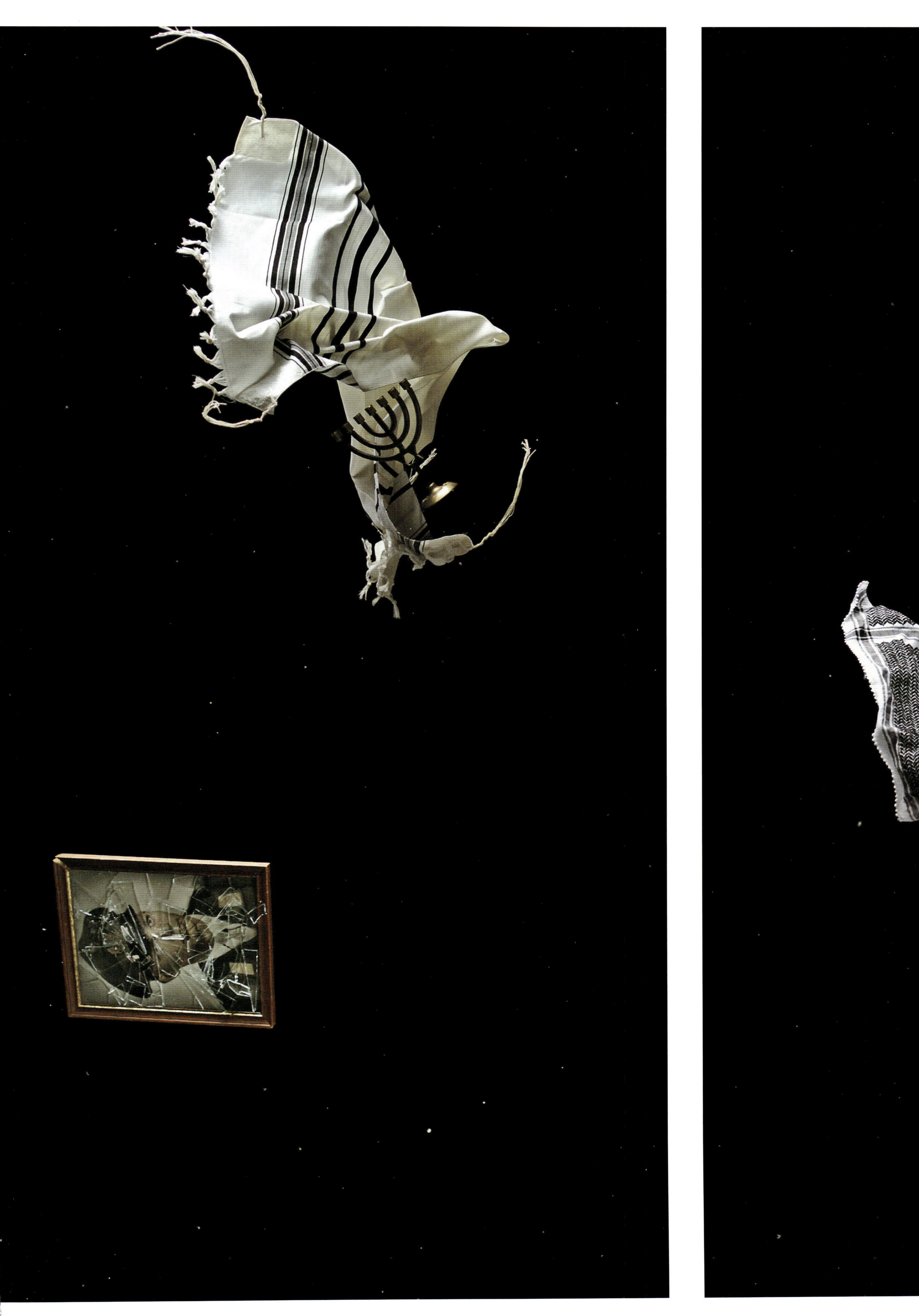

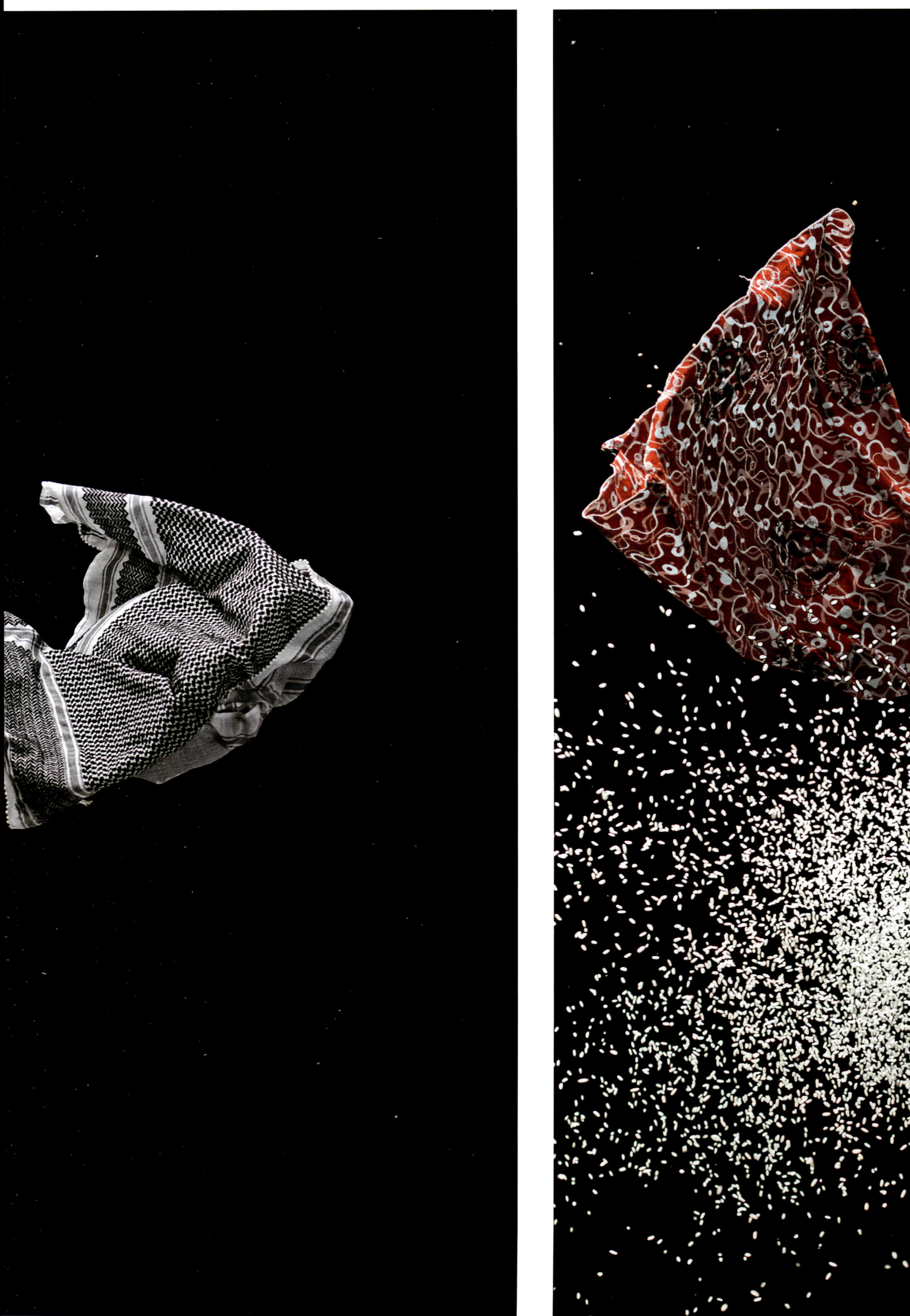

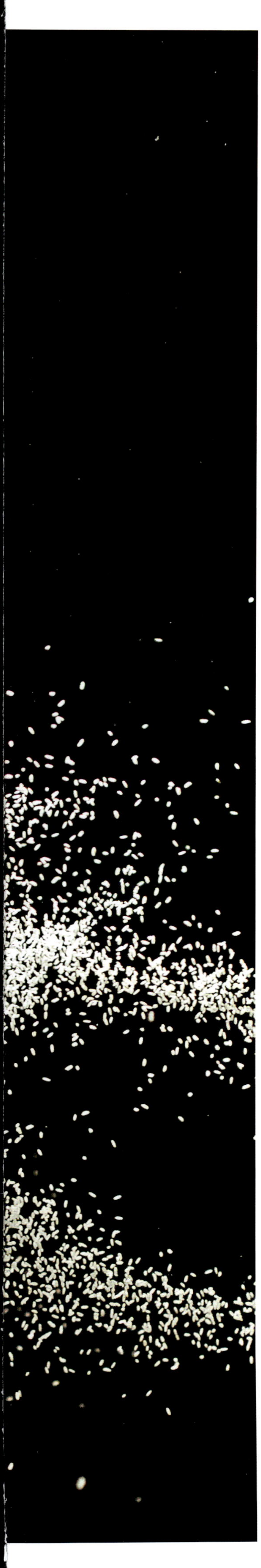

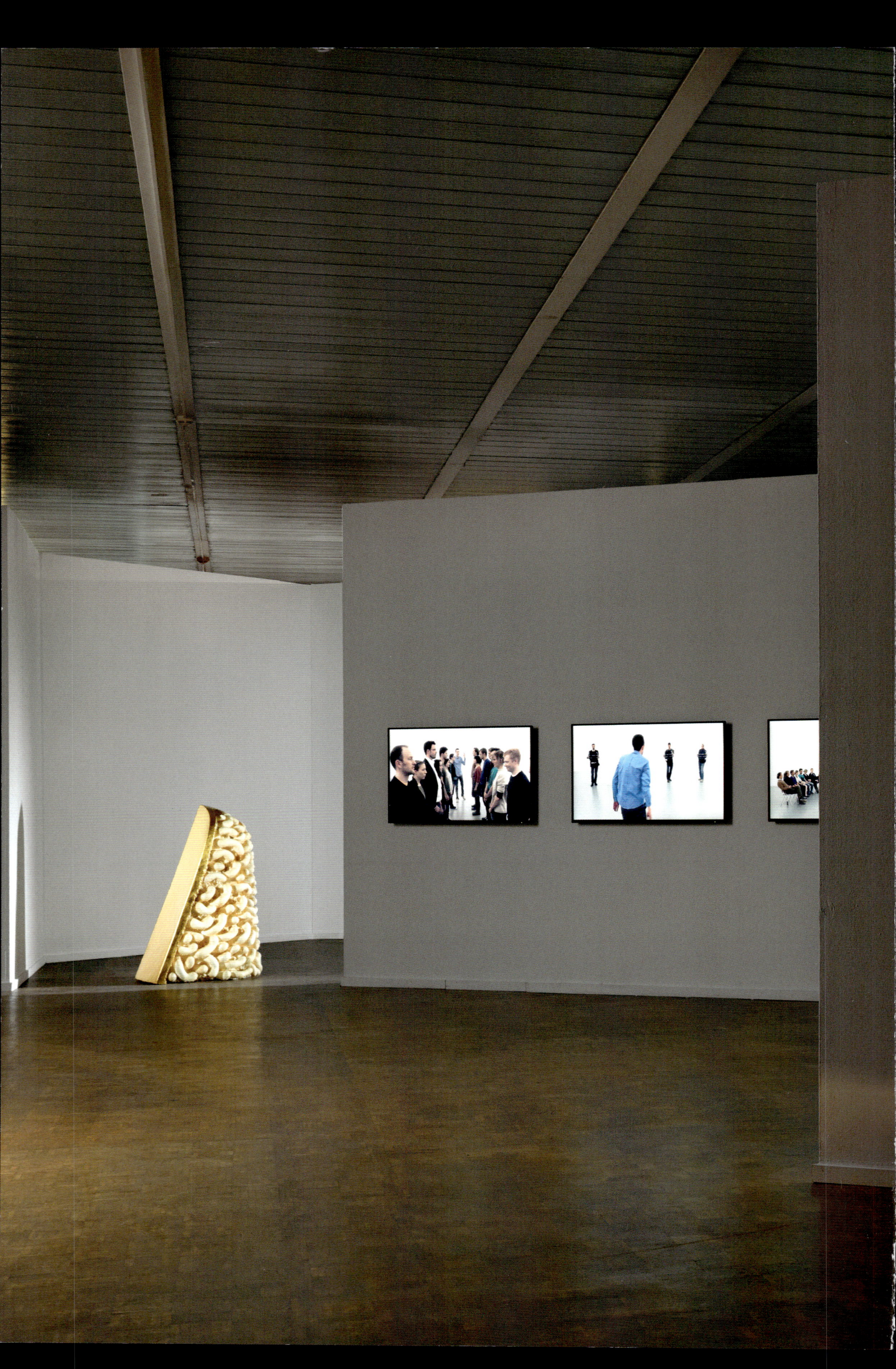

Anhang/Attachment

Sven Johne

30–31, 66–70

1976
geboren / born in Bergen (Insel Rügen / Rügen Island)

1998 – 2004
Hochschule für Grafik und Buchkunst Leipzig / Academy of Visual Arts Leipzig

2006
Meisterschüler bei Timm Rautert, Hochschule für Grafik und Buchkunst Leipzig / Master student of Timm Rautert, Academy of Visual Arts Leipzig

lebt und arbeitet in Berlin / lives and works in Berlin

Einzelausstellungen (Auswahl) / Solo exhibitions (selection)

2016
Window of the World, (Video Art Program), Hiroshima Museum of Contemporary Art

2015
Jutta, Kunsthalle Bielefeld
The doubt of the stage prompter, Edith-Russ-Haus, Oldenburg

2013
Where the sky is darkest, the stars are brightest, Camera Austria, Graz

2012
Following the Circus, Galerie Christian Nagel, Antwerpen / Antwerp

2011
Kleistners Archiv, Das Weisse Haus, Wien / Vienna
Photographic and Video work, Goethe Institut, Hongkong / Hong Kong

2010
Elmenhorst, 2006. Tears of the Eyewitness, 2009., Sprengel Museum, Hannover / Hanover
Reports from the crack of dawn, Frankfurter Kunstverein

2009
Goethe Institut Hanoi

Gruppenausstellungen (Auswahl) / Group exhibitions (selection)

2017
Farewell Photography, Biennale für aktuelle Fotografie Mannheim, Ludwigshafen, Heidelberg
Naturgeschichten / Natural Histories, mumok, Wien / Vienna
OFF Biennale Budapest

2016
Ein Loch im Meer, Württembergischer Kunstverein, Stuttgart

2015
Creating Realities, Pinakothek der Moderne / Museum Brandhorst in Kooperation mit / in cooperation with Sammlung Goetz, München / Munich
Welcome to the Jungle, KW, Berlin
History is a Warm Gun, Neuer Berliner Kunstverein
Conception Now, Museum Morsbroich, Leverkusen
Between the Pessimism of the Intellect and the Optimism of the Will, 5. Thessaloniki Biennale, State Museum of Contemporary Art

2012
Made in Germany Zwei, Sprengel Museum, Hannover / Hanover

S. / pp. 30, 31

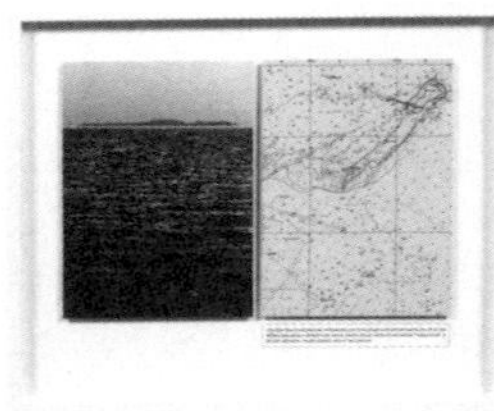

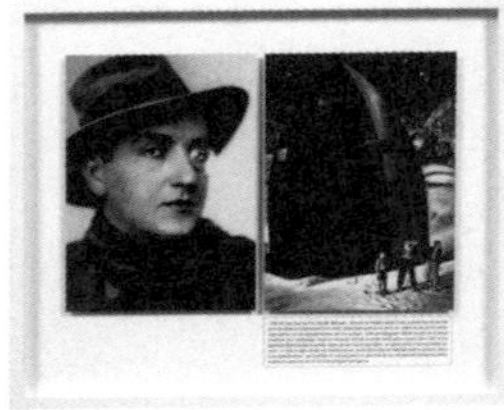

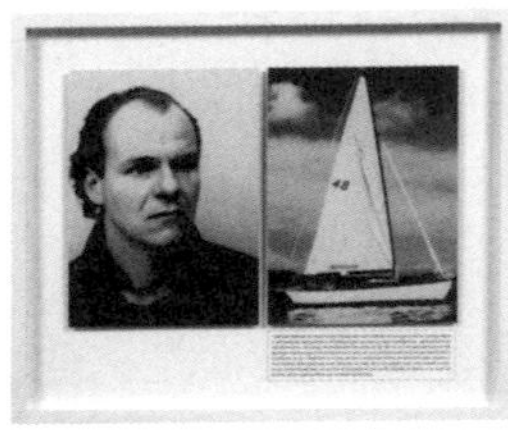

Vinta, 2004
Details, Serie aus / series of 6, Siebdruck / screenprint, s/w Fotografie / b/w photography, je / each 50 × 60 cm

S. / p. 30
2003 Vinta

S. / p. 31
1929 Fritz Lang
1968 Dieter Pohlmann

S. / pp. 66, 67, 68

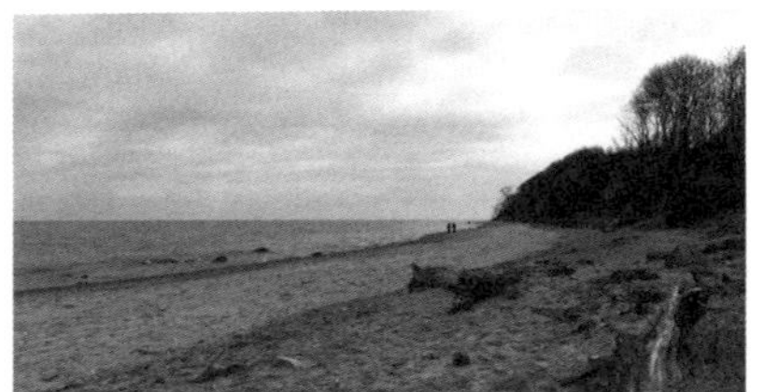

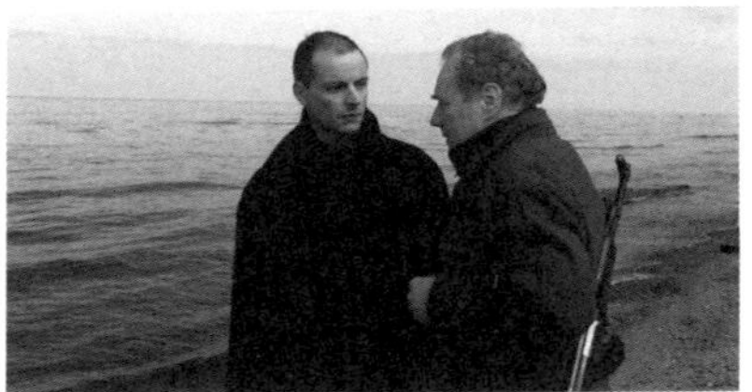

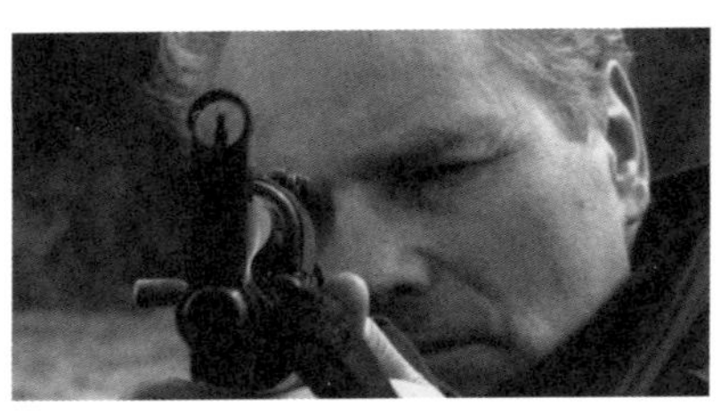

Elmenhorst, 2006
HD video, 6'20''

S. / pp. 69, 70

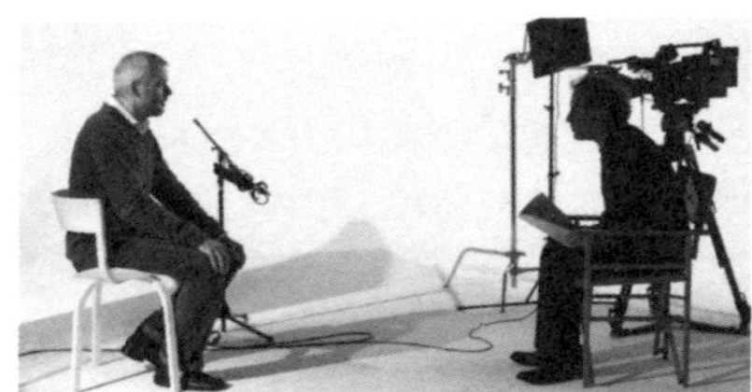

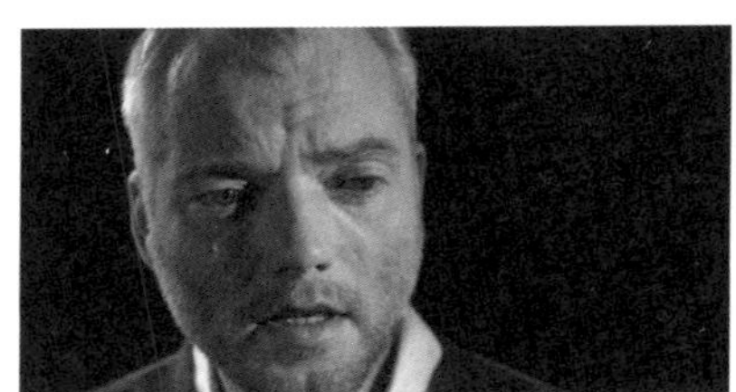

Tears of the Eyewitness, 2009
HD video, 22'20''

Alle Arbeiten / all works Courtesy der Künstler / the artist und / and KLEMM'S, Berlin
Sammlung / Collection Ivo Wessel, Berlin

1973
geboren / born in Bonn

1993 – 1996
Fachhochschule Dortmund / University of Applied Sciences and Arts Dortmund

1996 – 2001
Universität der Künste, Berlin / University of the Arts, Berlin

lebt und arbeitet in Berlin / lives and works in Berlin

Einzelausstellungen (Auswahl) / Solo exhibitions (selection)

2016
Auch im Himmel gibt es Löcher, Künstlerhäuser Worpswede
Die Reise, Ginerva Gambino, Köln / Cologne

2015
Geldbaum und Papageienpflanze, KM, Berlin

2012 – 2014
Dakar/Berlin, mit / with Mamadou Gomis, Institut für Auslandsbeziehungen, Berlin; Goethe Institut Dakar, Accra, Addis Abeba, Maputo

2012
Das Selbstverständnis von Frauen, Foxy Production, New York

2011
Are you Fine?, Galerie Giti Nourbakhsch, Berlin

2009
Foxy Production, New York

2008
geschlossene Gesellschaft, Galerie Giti Nourbakhsch, Berlin

2005
Die schöne Seite, Coup de Coeur III, Crac Alsace

2002
After Effects, Schönhaus Noteingang, Lehmbruck Museum, Duisburg

Gruppenausstellungen (Auswahl) / Group exhibitions (selection)

2016
ich, du, er/sie/es, Kunstverein Leipzig

2014
Crossing Boundaries of Doubt, Astrid S. Klein, Württembergischer Kunstverein, Stuttgart; Screen and Décor, ACAD, Alberta; Justina M Barnicke Gallery, Toronto; Southern Alberta Art Gallery, Lethbridge

2012
prèt à pârtager, Institut für Auslandsbeziehungen, Berlin, Stuttgart, Douala, Kamerun, Addis Abeba, Cape Town, Accra, Maputo, Lagos

2011
Geheimgesellschaften, Schirn Kunsthalle Frankfurt; CAPC, Bordeaux

2009
freier Fall, Badischer Kunstverein, Karlsruhe

2006
NON EST HIC, Honey-Suckle Company & Konrad Sprenger, Kunsthalle Basel

2005
OHN END, Künstlerhaus Stuttgart presents Honey-Suckle Company & Konrad Sprenger at Cubitt, London
freier Eintritt, Great Value 1, Frankfurter Kunstverein
Blake & Sons, Lewis Glucksman Gallery, Cork

S. / pp. 32, 33

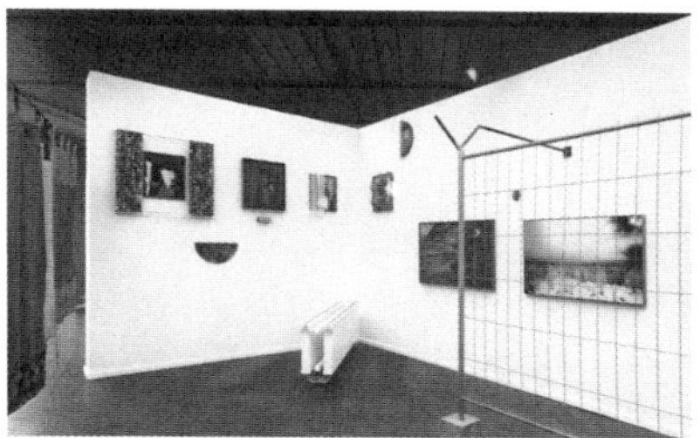

Ausstellungsansicht / installation view
Kunsthalle Rostock, 2017,
Angeeignete Landschaften / Acquired Territories, 2017
Fotografien, Stoffe, Pigmente, Chemikalien, Metall, Holz, Beton / photographs, fabrics, pigments, chemicals, metal, wood, concrete

S. / p. 35

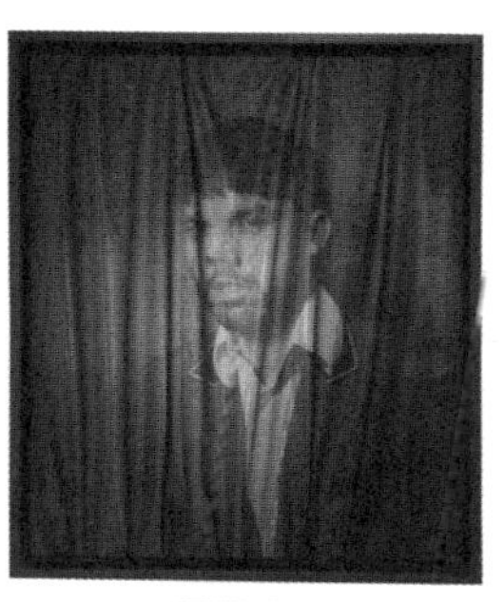

Die Creme des Asassello / Asassello's Cream, 2008
Analoger C-Print, Polyester, Rahmen, Messingschild, Holz / analogue c-print, polyester, frame, brass sign, wood
75 × 55 cm

S. / p. 34

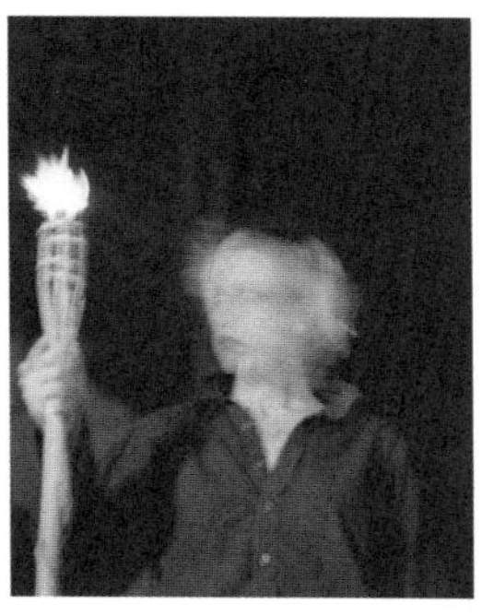

Die Suche in der Dunkelheit / Quest in the Darkness, 2015 / 2016
Analoger C-Print / analogue c-print
50 × 40 cm

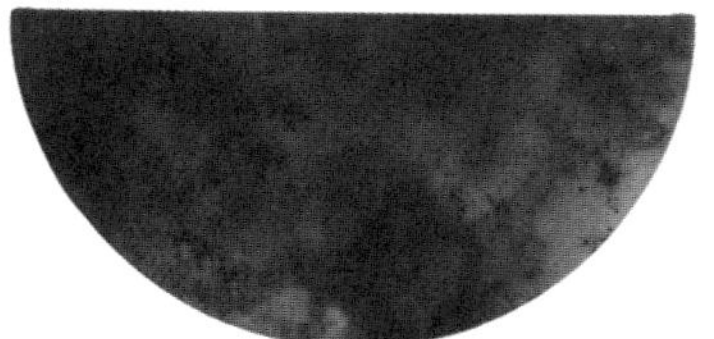

Lunarer Kopfstand / Lunar Headstand, 2016
Baumwolle, Pigmente, Holz / cotton, pigments, wood
50 × 25 cm

S. / p. 36

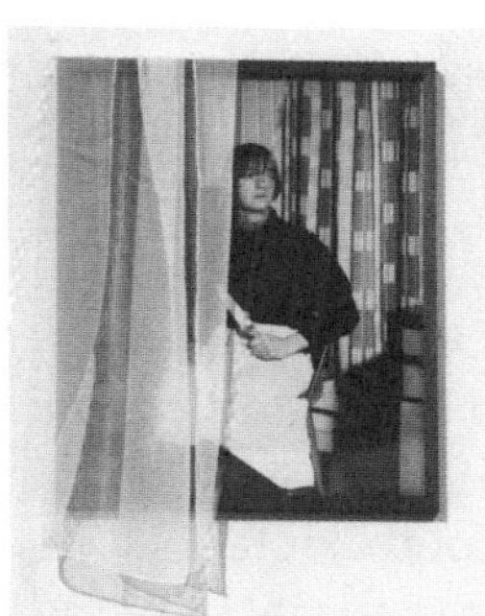

Das Messer / The Knife, 2012 / 2016
Analoger C-Print, Rahmen, Seide / analogue c-print, frame, silk
60 × 40 cm

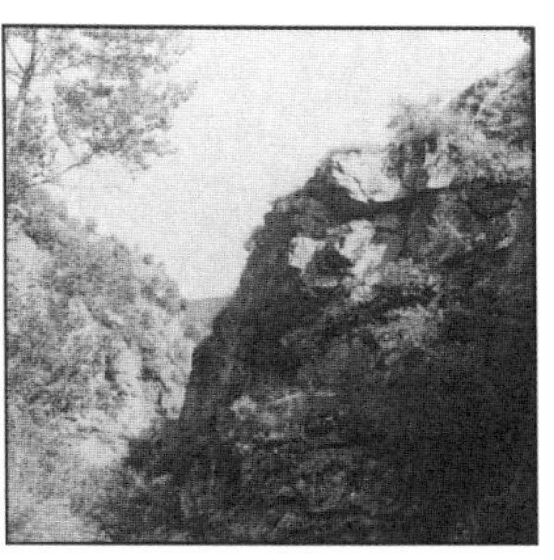

Strahlende Landschaft / Radiant Landscape, 2013 / 2017
Analoger C-Print, UV-Mattlack / analogue c-print, matt UV varnish
84 × 84 cm, gerahmt / framed

S. / p. 37

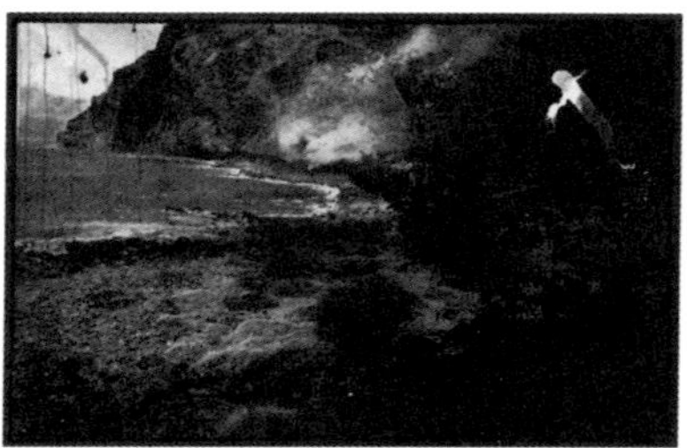

Wilder Strand / Wild Beach, 2008/2016
Analoger C-Print, Mixed Media, Lack / analogue c-print, mixed media, varnish
77,5 × 116 cm, gerahmt / framed

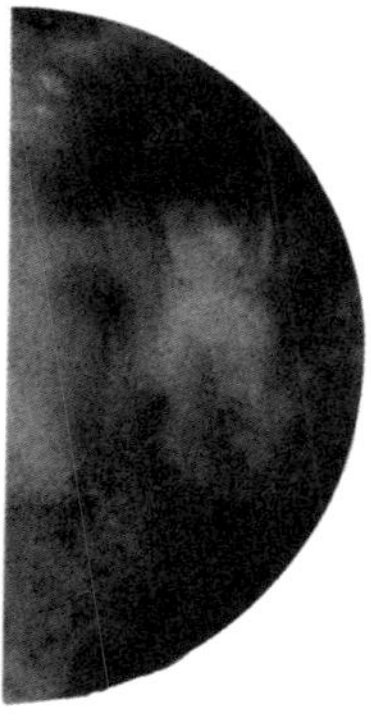

Mond, nördliche Hemisphäre / Moon, Northern Hemisphere, 2016
Seide, Pigmente, Holz / silk, pigments, wood
50 × 25 cm

Alle Arbeiten / all works Courtesy die Künstlerin / the artist und / and KM, Berlin

Naufus Ramírez-Figueroa

1978
geboren / born in Guatemala City

2006
Bachelor of Media Arts, Emily Carr University, Vancouver

2008
Master of Fine Arts, The School of the Art Institute of Chicago, IL, Trustee Merit Scholarship

2013
Postgraduate research, Jan van Eyck Academie, Maastricht

Lebt und arbeitet in Berlin und Guatemala / lives and works in Berlin and Guatemala

Einzelausstellungen (Auswahl) / Solo exhibitions (selection)

2017

Third Lung, at *Viva Arte Viva,* 57. La Biennale di Venezia, Venedig / Venice
Illusion of Matter, Proyectos Ultravioleta at LISTE, Basel
Linnaeus in Tenebris, CAPC Bordeaux
Two flamingos copulating on a tin roof, Haus Esters, Krefeld

2016

The Print of sleep II, curated by Catherine Wood, Secret Surface exhibition, KW, Berlin
The Print of sleep, If I Can't Dance, Amsterdam
Mimesis of Mimesis, Royal Tropical Institute, Amsterdam

2015

God's Reptilian Finger, Gasworks, London
Incremental Architecture, Frieze Art Fair, London
Con la lengua negra de tanto lamer la noche (With black tongue of licking the night so much), Proyectos Ultravioleta, ARTBO, Bogota

Gruppenausstellungen (Auswahl) / Group exhibitions (selection)

2017

The Conundrum of Imagination, Teil der / part of Wiener Festwochen, kuratiert von / curated by Bonaventure Soh Bejeng Ndikung und / and Pauline Doutreluingne, Leopold Museum, Wien / Vienna
Incremental Architecture film, Proyectos Ultravioleta at Greengrassi, CONDO Art Fair, London

2016

Incerteza Viva, 32. São Paulo Art Biennial

2015

A Decolonial Atlas: Videos from the Americas 2010 – 2015, Something Else (Off Biennial), Kairo / Cairo
Rendez-Vous, 13. Lyon Biennial
Intersections (after Lautréamont), Cisneros Fontanals Art Foundation, Miami
Vangard-ISTMO, IDB Staff Association Art Gallery, Washington DC
Instituto de Visión, Frieze Art Fair, New York
Tocar madera, Proyectos Ultravioleta, Guatemala City
The School of Nature and Principle, EFA Project Space, New York

S. / pp. 38, 39

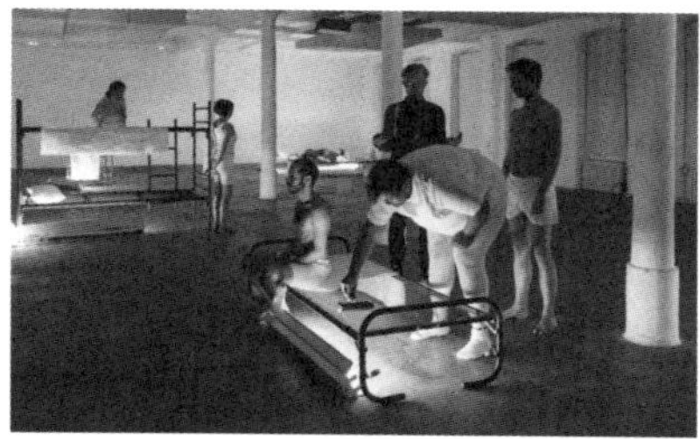

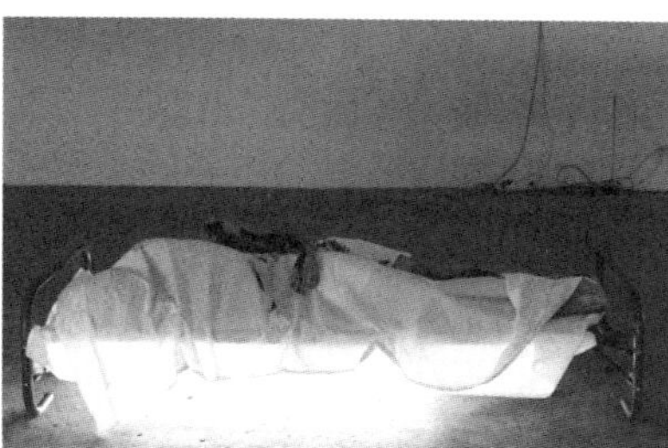

Print of Sleep, 2016
HD video, 17'44''
Courtesy der Künstler / the artist, If I Can't Dance, Amsterdam und / and KW, Berlin

S. / pp. 40, 41

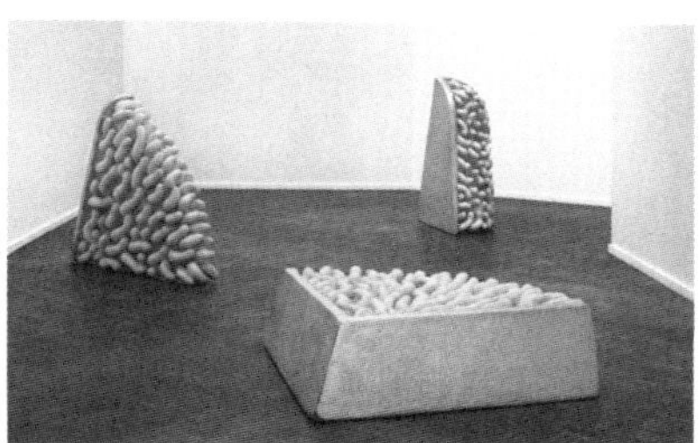

Ausstellungsansicht / installation view
Kunsthalle Rostock, 2017
Babylon Fantasies, 2015
Styropor, Pigment, Harz / Polystyrene, pigment, resin
Courtesy der Künstler / the artist und / and Gasworks, London

S. / pp. 42, 43

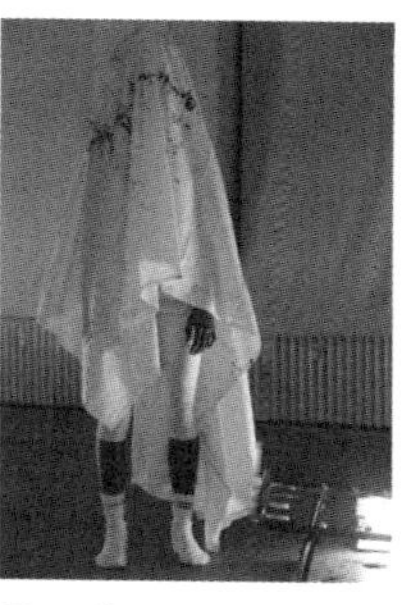

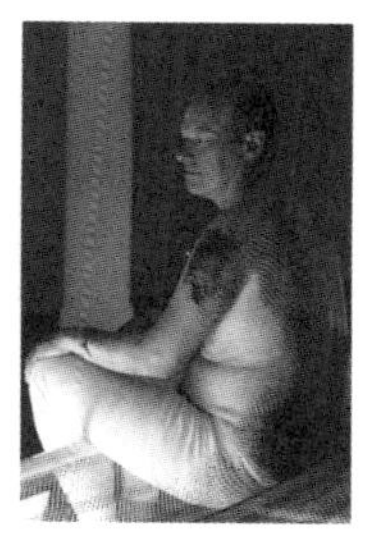

Performance *Print of Sleep*, KW, Berlin, 2016
Courtesy der Künstler / the artist, I Can't Dance, Amsterdam und / and KW, Berlin

Christian Falsnaes

44–49

1980
geboren in Kopenhagen /
born in Copenhagen

2005 – 2010
Akademie der Bildende
Künste Wien / Academy of Fine
Arts Vienna

lebt und arbeitet in
Berlin / lives and works
in Berlin

Einzelausstellungen (Auswahl) / Solo exhibitions (selection)

2017

Rise, Berlinische Galerie, Berlin

2016

Front, Yarat Contemporary Art Space, Baku

Thousand Faces, Danish National Gallery, Kopenhagen/Copenhagen

2015

Many, Juan & Patricia Vergez Collection, Buenos Aires

Available, Kunstverein Braunschweig / Brunswick

2014

Justified Beliefs, Art Basel Statements

2013

Opening, KW, Berlin

Gruppenausstellungen (Auswahl) / Group exhibitions (selection)

2017

Bienal de Performance BP.17, Buenos Aires

Future Generation Art Prize, Pinchuk ArtCentre, Kiew / Kiev

Instructions for Happiness, 21er Haus, Wien / Vienna

2016

Manifesta 11, Zürich / Zurich

Stellung nehmen, Kestnergesellschaft, Hannover / Hanover

Conditions of Political Choreography, CCA, Tel Aviv

2015

Preis der Nationalgalerie 2015, Hamburger Bahnhof, Berlin

Political Populism, Kunsthalle Wien / Vienna

Expanding the field of play, Centre Pompidou, Paris

The city is the star, ZKM, Karlsruhe

2014

Reykjavik Dance Festival, Reykjavik Art Museum

Vertigo of reality, Akademie der Künste, Berlin

2013

Ihre Geschichte(n), Bonner Kunstverein

S. / pp. 44, 45, 46, 47, 48

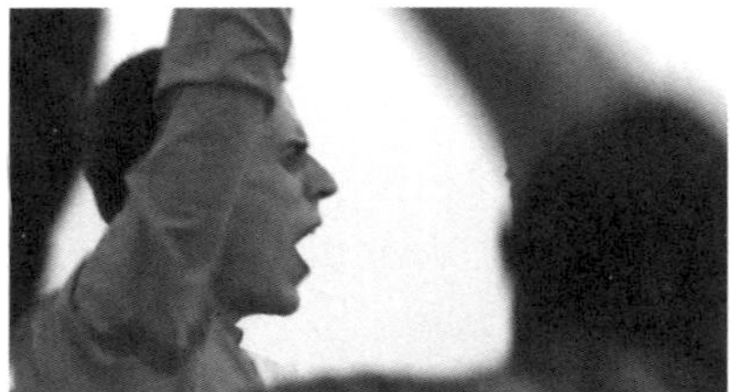

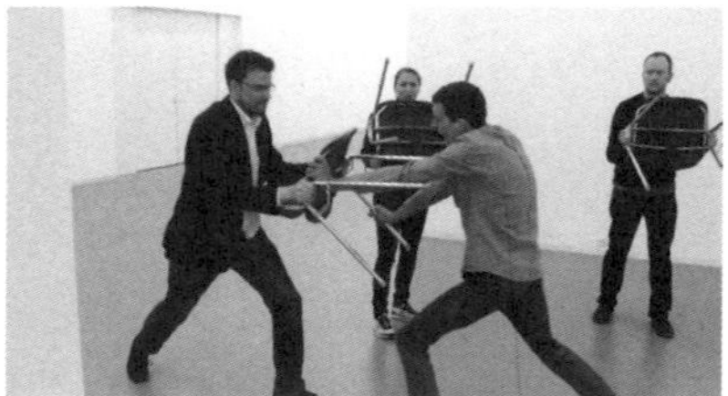

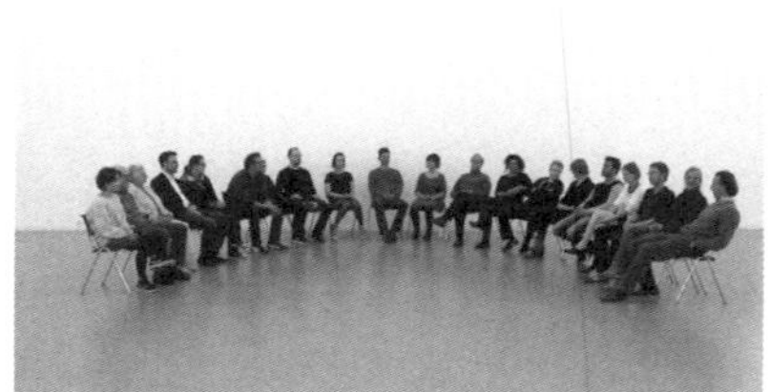

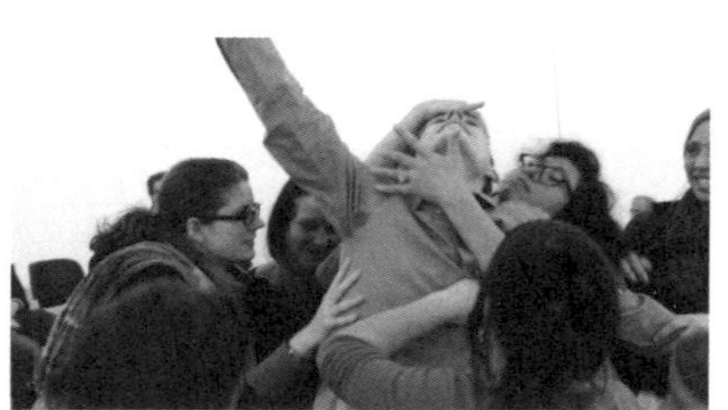

Male Demeanor as a Consequence of Societal Power Relations between Artist and Audience, 2013
Vier-Kanal-Videoinstallation, HD / 4 channel HD video, 18'54''
Performance, Bonner Kunstverein

S. / p. 49

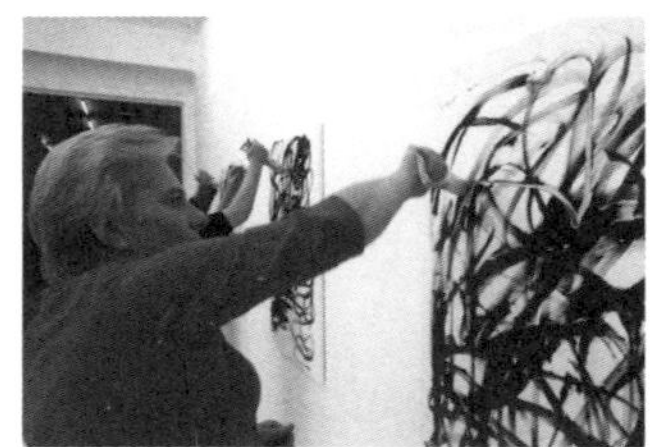

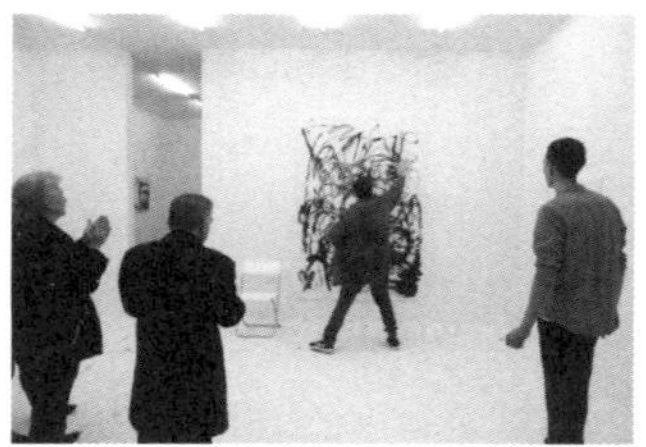

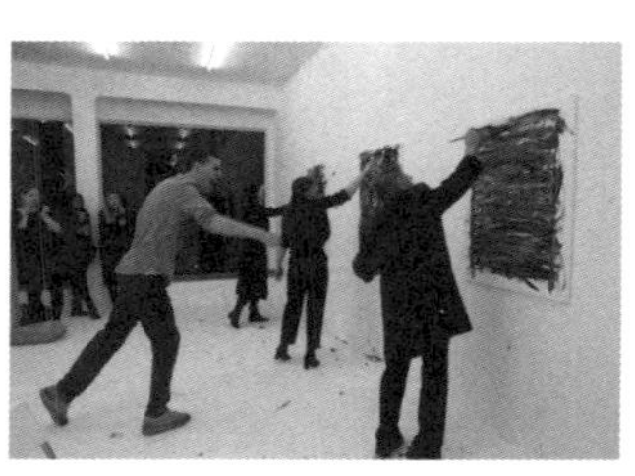

One, 2013
Performance, Öl auf Leinwand / oil on canvas, Drei, Köln / Cologne
Foto / photo: Alwin Lay

Alle Arbeiten / all works
Courtesy der Künstler / the artist und / and PSM, Berlin

John Bock

1965
geboren / born in Gribbohm

1991–1997
Hochschule für Bildende Künste Hamburg / University of Fine Arts of Hamburg

seit / since 2004
Professor an der Staatlichen Akademie der Bildenden Künste, Karlsruhe / professor at the State Academy of Fine Arts Karlsruhe

lebt und arbeitet / lives and works in Berlin

Einzelausstellungen (Auswahl) / Solo exhibitions (selection)

2017
Dead + Juicy, The Contemporary Austin
Glissade dans la sueur perlée des aisselles, La Panacée, Montpellier
Im Moloch der Wesenspräsenz, Berlinische Galerie, Berlin

2013
Im Modder der Summenmutation, Bundeskunsthalle, Bonn

2010
Curve-Vehicle incl. π-Man-(.), Barbican, London

2008
Palms, REDCAT, Los Angeles
Para-Schizo, ensnarled, Arko Art Center & Insa Art Space, Seoul

2007
Stapelung, MoMA P.S.1., New York
Films, Schirn Kunsthalle Frankfurt

2005
Frac Provence-Alpes-Côte d'Azur, Marseille

1999
Lombardi Bängli, Kunsthalle Basel

Gruppenausstellungen (Auswahl) / Group exhibitions (selection)

2016
Ich, Schirn Kunsthalle Frankfurt
Wolfsburg Unlimited. Eine Stadt als Weltlabor, Kunstmuseum, Wolfsburg

2015
Storylines: Contemporary Art at the Guggenheim, Guggenheim Museum, New York

2013
Il Palazzo Enciclopedico, Arsenale, 55. La Biennale di Venezia, Venedig / Venice
HEIMsuchung. Unsichere Räume, Kunstmuseum Bonn

2010
FischGrätenMelkStand, Temporäre Kunsthalle, Berlin

2005
Preis der Nationalgalerie 2005, Hamburger Bahnhof, Berlin

2002
Documenta 11, Kassel

1999
dAPERTutto, 48. La Biennale di Venezia, Venedig / Venice

S. / pp. 50, 51

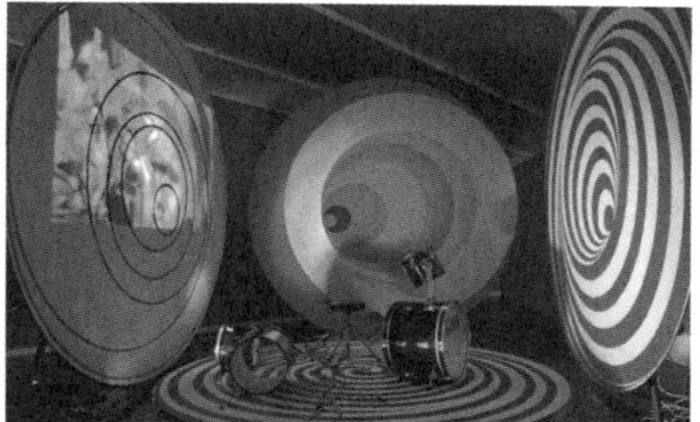

Ausstellungsansicht / installation view
Kunsthalle Rostock, 2017
HalluzinationsFusion, 2012
Metall, Holz, Farbe, Schlagzeug, Video / metal, wood, paint, drums, video
336 × 400 × 400 cm

S. / p. 54

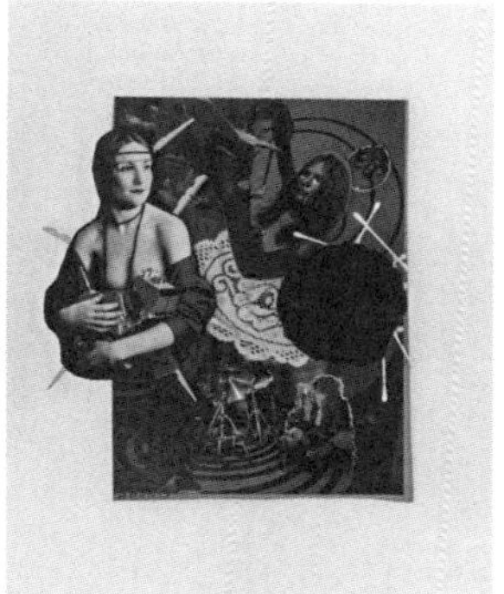

Ohne Titel, 2017
Mixed Media auf Karton / on cardboard
41 × 36 × 9 cm
Foto / photo: Martin Sommer

S. / pp. 52, 53

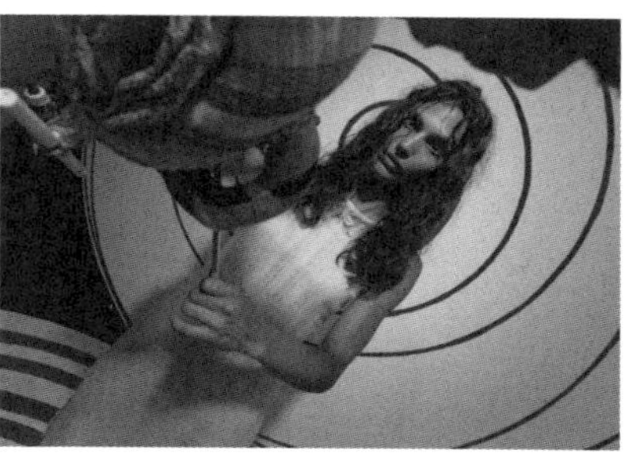

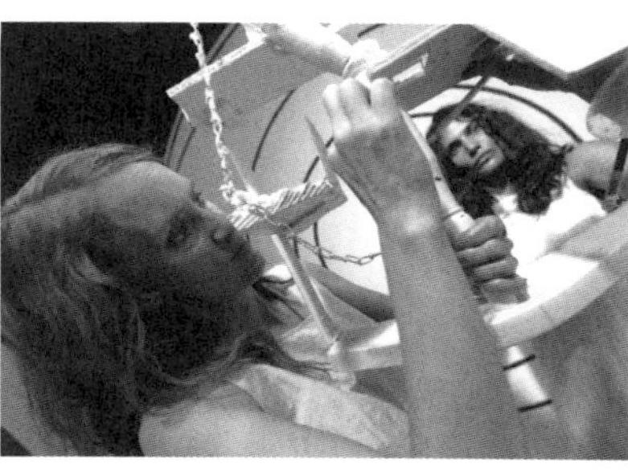

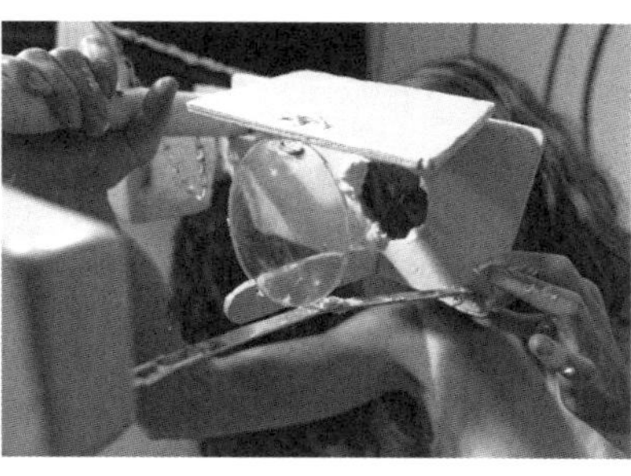

HalluzinationsFusion, 2012
Videostills, *Suggestion*, 2012
Video, 16'40''
Foto / photo: Raphael Beinder

S. / p. 55

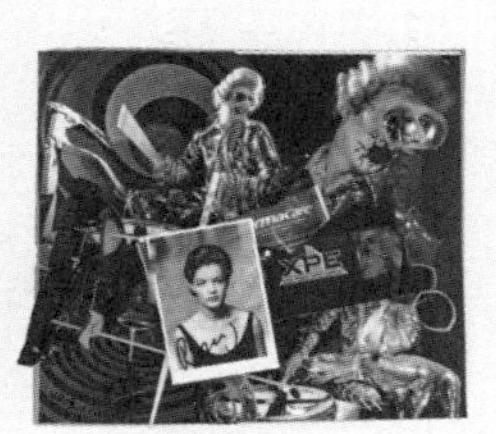

Ohne Titel, 2017
Mixed Media auf Karton / on cardboard
38,5 × 43,5 × 11,5 cm
Foto / photo: Martin Sommer

Alle Arbeiten / all works
Courtesy der Künstler / the artist und / and Sprüth Magers

Klara Lidén

56–65

1979
geboren / born in Stockholm

2000 – 2004
School of Architecture,
Royal School of Technology,
Stockholm

2004 – 2007
University College of Arts
Crafts and Design, Stockholm

lebt und arbeitet in
Berlin / lives and works
in Berlin

Einzelausstellungen (Auswahl) / Solo exhibitions (selection)

2017
LAVORO, mit / with Karl Holmqvist, INDIPENZA, Rom / Rome

2016
Werk, mit / with Karl Holmqvist, Kunstverein Braunschweig / Brunswick

2015
Battement battu, WIELS, Contemporary Art Centre, Brüssel / Brussels
Galerie Neu, Berlin

2014
POST, Kunsthal Charlottenborg, Kopenhagen / Copenhagen

2013
Invalidenstrasse, Museion, Bozen / Bolzano

2011
Galerie Neu, Berlin
Moderna Museet, Stockholm

2010
Rumpfflächen und Plündererbanden, Bonner Kunstverein

2009
Never Come Back, Kunsthalle Fridericianum, Kassel
Projects 89, Museum of Modern Art, New York
The Teenage Room, Nordischer Pavilion / Nordic Pavillion, 53. La Biennale di Venezia, Venedig / Venice

2007
Unheimlich Maneuver, Moderna Museet, Stockholm

Gruppenausstellungen (Auswahl) / Group exhibitions (selection)

2017
15th Istanbul Biennial
Inside Intensity – The Anniversary Show, Museum Kurhaus Kleve

2016
grabt tiefer, ihr Schönen, mit / with Anne Collier, Cerith Wyn Evans, Yngve Holen, Sergej Jensen, Klara Lidén, Albert Oehlen, Andreas Slominski, Reena Spaulings, Galerie Neu, Berlin

2015
Powerful Babies: Keith Haring's Impact on Artists Today, Spritmuseum, Stockholm

2014
KölnSkulptur #7, Köln / Cologne
Manifesta 10, Hermitage Museum, St. Petersburg

2012
Relocated, MD72, Berlin

2011
ILLUMInations, 54. La Biennale di Venezia, Venedig / Venice

2007
2. Moscow Biennale of Contemporary Art, Moskau

S. / pp. 56, 57

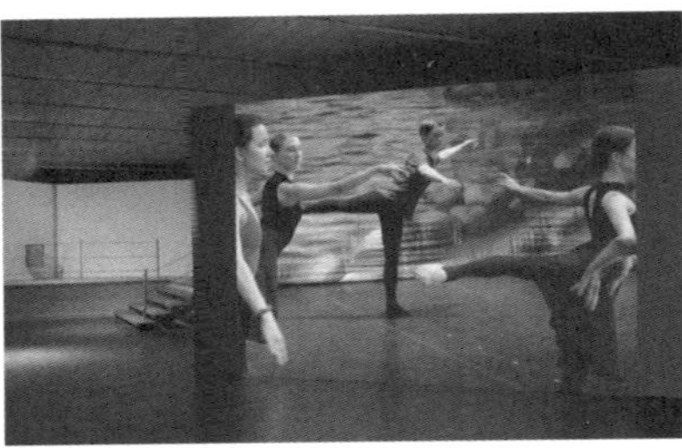

Ausstellungsansicht / installation view
Kunsthalle Rostock, 2017
Warm-up: State Hermitage Museum Theater, 2014
Courtesy die Künstlerin / the artist und / and Galerie Neu

S. / pp. 58, 59, 60

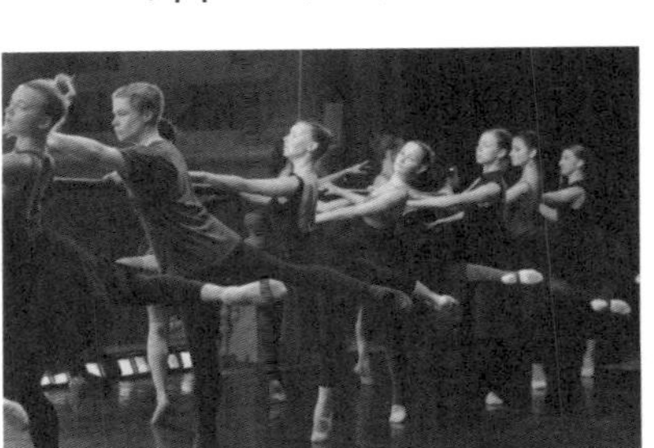

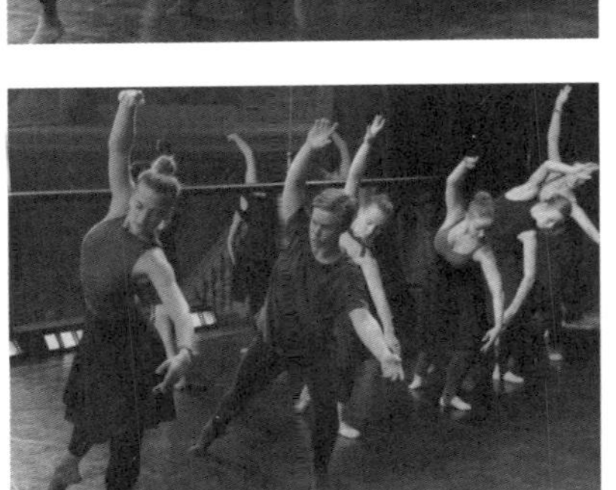

Warm-up: State Hermitage Museum Theater, 2014
Video, 4'20''
Courtesy die Künstlerin / the artist und / and Galerie Neu, Berlin

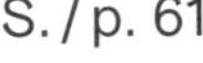

S. / p. 61

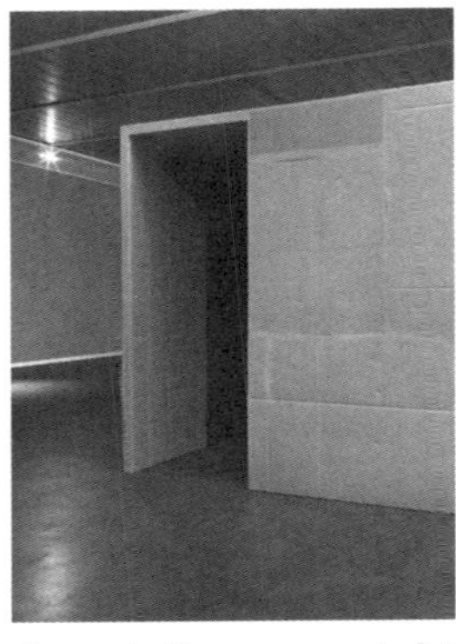

Ausstellungsansicht / installation view
Kunsthalle Rostock, 2017

S. / pp. 62, 63, 64

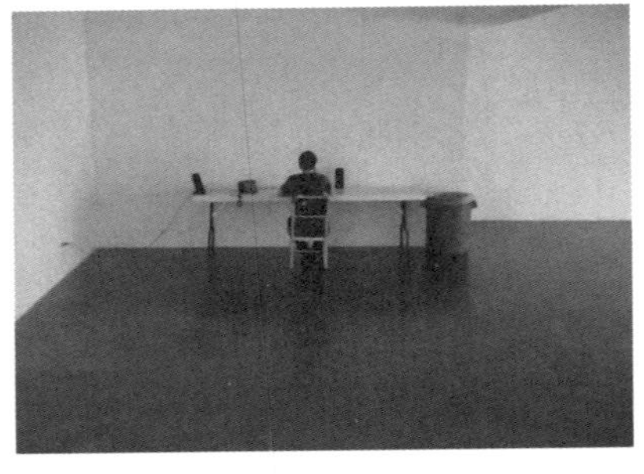

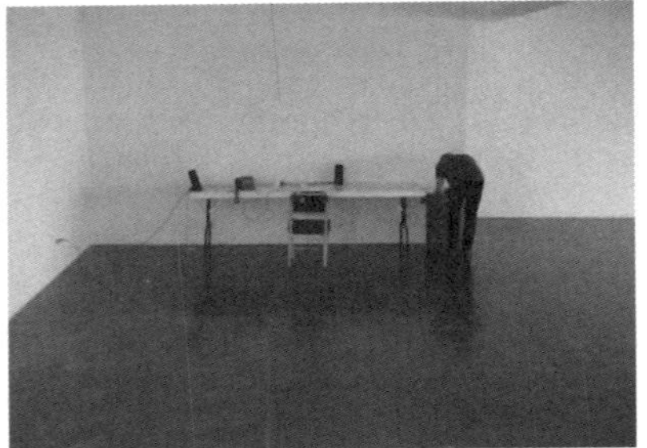

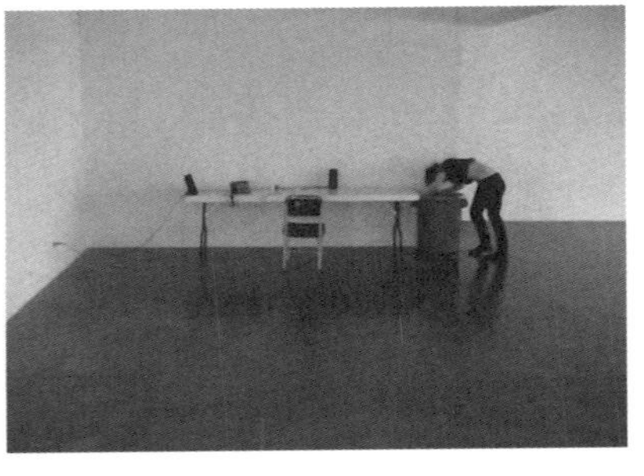

Untitled (Trashcan), 2011
Video, 1'25''
Courtesy die Künstlerin / the artist, Galerie Neu, Berlin und / and Reena Spaulings, New York

S. / p. 65

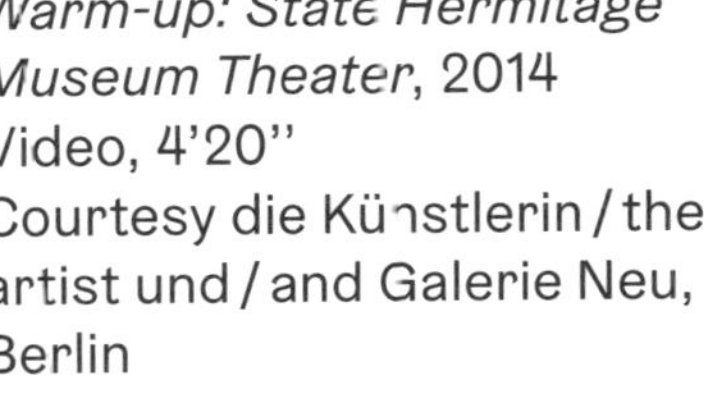

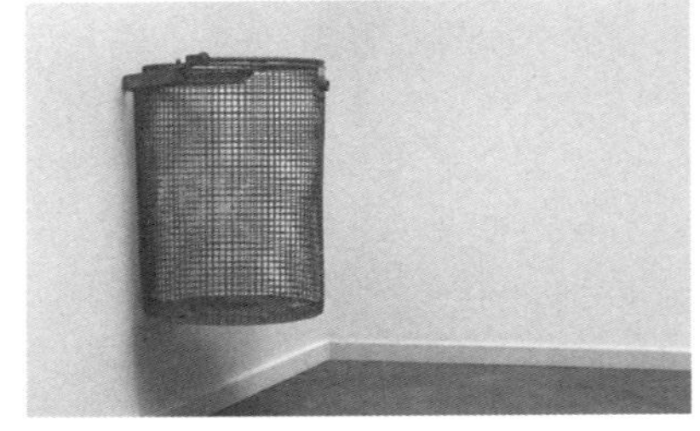

Ausstellunganasicht / installation view Kunsthalle Rostock, 2017
Untitled (Trashcan), 2015
Mixed Media
60 × 45 × 45 cm
Courtesy die Künstlerin / the artist und / and Galerie Neu, Berlin
Privatsammlung / Private Collection, Stockholm

1970
geboren / born in Afula

1992 – 1996
The Bezalel Academy of Arts and Design, Jerusalem

1999
School of Visual Arts, New York

2000 – 2001
Rijksakademie van Beeldende Kunsten, Amsterdam

lebt und arbeitet in Berlin und Amsterdam / lives and works in Berlin and Amsterdam

Einzelausstellungen (Auswahl) / Solo exhibitions (selection)

2017
Trembling Times, Musée cantonal des Beaux-Arts, Lausanne

2016
On Cohabitation, The Banff Centre, Alberta

2015
Petzel Gallery, New York
Capitain Petzel, Berlin

2014
True Finn – Tosi suomalainen, IHME Contemporary Art Festival, Helsinki

2013
Inferno, Pérez Art Museum Miami
Two Minutes of Standstill, Impulse Theater Biennale, Köln / Cologne

2012
Wenn Ihr wollt, ist es kein Traum, Secession, Wien / Vienna

2011
And Europe Will Be Stunned, Polnischer Pavillon / Polish Pavilion, 54. La Biennale di Venezia, Venedig / Venice

2010
And Europe Will Be Stunned, Moderna Museet, Malmö

2009
Mur I Wieza, Museum of Modern Art, Warschau / Warsaw

2008
MoMA P.S.1., New York

Gruppenausstellungen (Auswahl) / Group exhibitions (selection)

2017
Cult! Legends, Stars and Icons, Zeppelin Museum, Friedrichshafen
Conditions of Political Choreography, Center of Contemporary Art, Tel Aviv

2016
Embracing the Contemporary: The Keith L. and Kathy Sachs Collection, Philadelphia Museum of Art
A Sense of History, Nordstern Videoart Center, Gelsenkirchen

2015
How to (...) things that don't exist, Serralves Museum of Contemporary Art, Porto
OPEN HOUSE – a group show on hospitality, Kunstverein Braunschweig / Brunswick
The Century Mark, Tel Aviv *Museum of Art visits Berlin,* Martin Gropius Bau, Berlin

2014
31. São Paulo Art Biennial

S. / p. 71

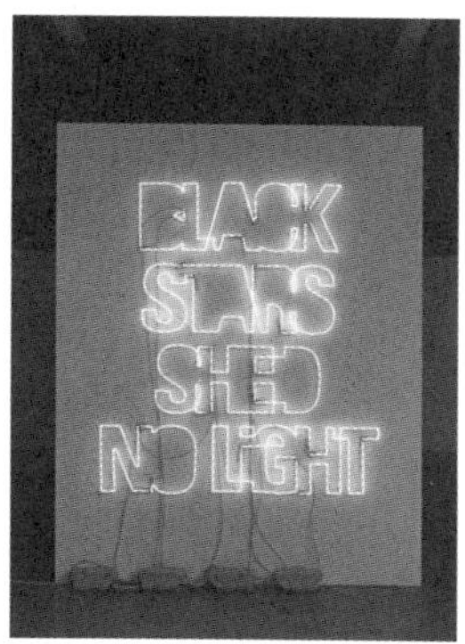

Ausstellungsansicht / installation view
Kunsthalle Rostock, 2017
Black Stars Shed No Light, 2014
Neon
150 × 170 cm
Courtesy die Künstlerin / the artist und / and Capitain Petzel, Berlin

S. / pp. 72, 73, 74, 75

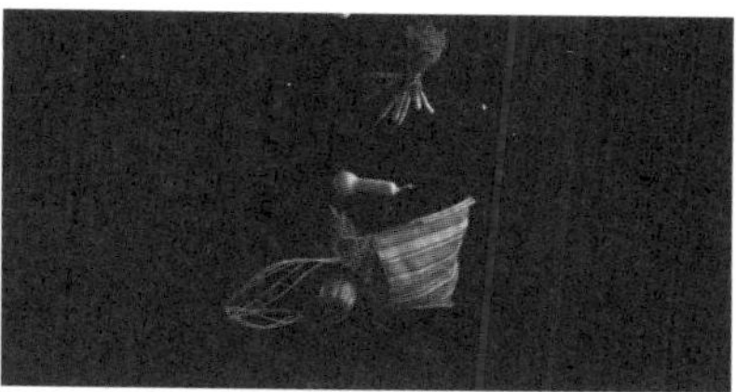

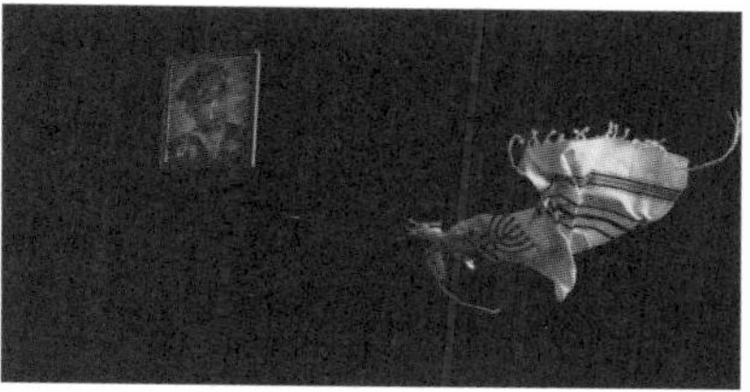

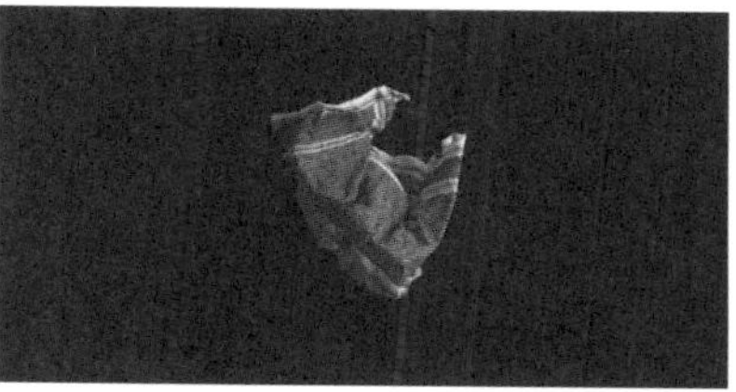

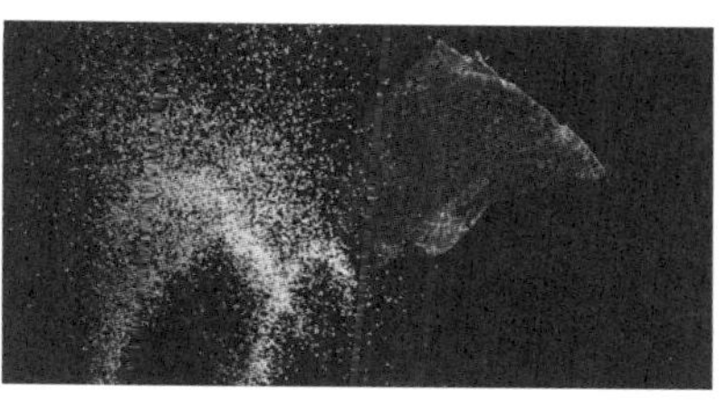

Tashlikh (Cast Off), 2017
Video, 11'14''
Courtesy die Künstlerin / the artist, Capitain Petzel, Berlin, Annet Gelink Gallery, Amsterdam, Sommer Contemporary Art, Tel Aviv und / and Galleria Raffaella Cortese, Milano

S. / p. 29, 76

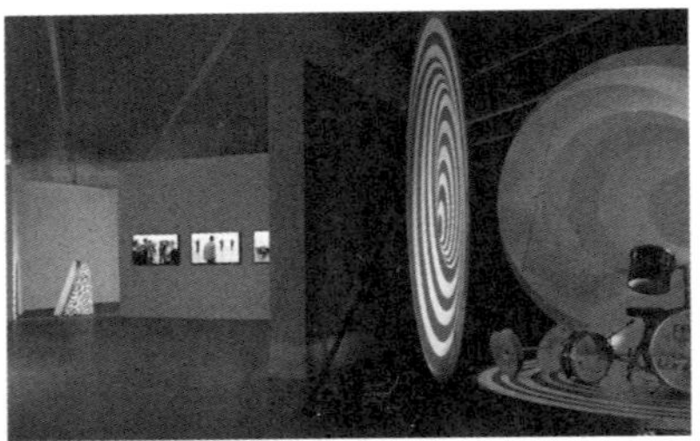

Ausstellungsansicht /
installation view
Kunsthalle Rostock, 2017

Impressum/Colophon

Katalog / Catalogue
Diese Publikation erscheint anlässlich der Ausstellung
This catalogue is published on the occasion of the exhibition:
Portfolio Berlin 03
Kunsthalle Rostock
22.10.2017 – 21.01.2018

Herausgeber / Editor:
Stephan Koal im Auftrag der Kunsthalle Rostock
Stephan Koal on behalf of the Kunsthalle Rostock

Autoren / Authors:
Silke Hohmann, Christiane Meixner, Beate Scheder, Sebastian Preuss, Diana Weis

Übersetzung / Translation:
Andrea Scrima

Lektorat / Copy editing:
DISTANZ Verlag

Gestaltung / Design:
Huelsenberg Studio
mit / with Niklas Sagebiel

Bildbearbeitung / Image editing:
bildpunkt, Berlin

Gesamtherstellung / Production:
Druckerei Weidner GmbH, Rostock

Fotonachweis / Photo credits:
Bernd Borchardt
(S. / pp. 29, 32, 33, 40, 41, 50, 51, 56, 57, 61, 65, 71, 76)

Ausstellung / Exhibition
Kunsthalle Rostock

Kurator / Curator:
Stephan Koal

Geschäftsführung / Managing director:
Dr. Jörg-Uwe Neumann

Projektkoordination / Project coordination:
Stephan Koal, Christof Kraft

Presse / Press: Cindy Höhne

Veranstaltungen / Events:
Guntram Porath

Technische Umsetzung / Technical implementation:
Enrico Golly, Iris Groneick, Inga Hafenstein, Torsten Holm, Maria von Knobelsdorff, Jörg Knüppel, Stine Koball, Christian Meier

Kunsthalle Rostock
Hamburger Str. 40
D-18069 Rostock
T.: +49 381 / 3817000
kunsthalle@rostock.de
www.kunsthallerostock.de

Eine Publikation im Auftrag von / A publication on behalf of: pro kunsthalle e.V.

Die Deutsche Nationalbibliothek verzeichnet diese Publikation in der Deutschen Nationalbibliografie; detaillierte bibliografische Daten sind im Internet über http://dnb.ddb.de abrufbar. / The Deutsche Nationalbibliothek lists this publication in the Deutsche Nationalbibliografie; detailed bibliographic data are available in the Internet at http://dnb.d-nb.de.

Vertrieb / Distribution:
GESTALTEN, Berlin
www.gestalten.com
ISBN 978-3-95476-203-3
Printed in Germany

Erschienen im / Published by
DISTANZ Verlag
Berlin www.distanz.de

Mit freundlicher Unterstützung / With kind support of

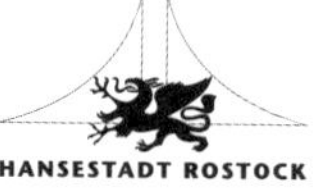

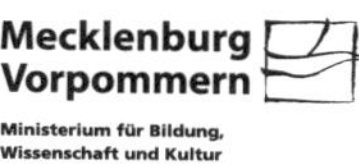

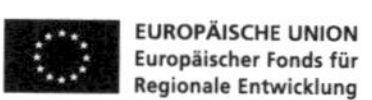

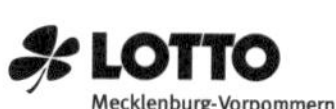

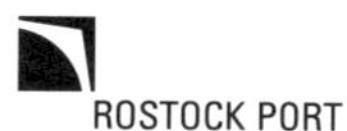

FREUNDE DER KUNSTHALLE ROSTOCK e.V.

Kulturpartner / Culture partner

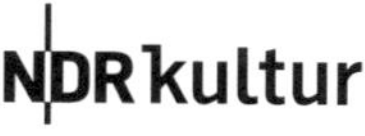